新质课程文化丛书

林启达　王琦　杨四耕　丛书主编

可感的学习经历
习性教育课程体系探索

曾宇宁　编著

华东师范大学出版社
·上海·

图书在版编目(CIP)数据

可感的学习经历:习性教育课程体系探索/曾宇宁编著.—上海:华东师范大学出版社,2025.—(新质课程文化丛书).—ISBN 978-7-5760-5681-5

Ⅰ.G622.3

中国国家版本馆 CIP 数据核字第 2025E59R04 号

新质课程文化丛书

可感的学习经历:习性教育课程体系探索

丛书主编　林启达　王　琦　杨四耕
编　　著　曾宇宁
责任编辑　刘　佳
项目编辑　林青荻
特约审读　汤丹磊
责任校对　董　亮　时东明
装帧设计　卢晓红

出版发行　华东师范大学出版社
社　　址　上海市中山北路3663号　邮编 200062
网　　址　www.ecnupress.com.cn
电　　话　021-60821666　行政传真 021-62572105
客服电话　021-62865537　门市(邮购)电话 021-62869887
地　　址　上海市中山北路3663号华东师范大学校内先锋路口
网　　店　http://hdsdcbs.tmall.com

印刷者　上海锦佳印刷有限公司
开　　本　787毫米×1092毫米　1/16
印　　张　14.5
字　　数　136千字
版　　次　2025年5月第1版
印　　次　2025年5月第1次
书　　号　ISBN 978-7-5760-5681-5
定　　价　52.00元

出 版 人　王　焰

(如发现本版图书有印订质量问题,请寄回本社客服中心调换或电话021-62865537联系)

本书编委会

编 著

曾宇宁

编 委

陈剑芬　岳　丽　王丽聪　张　彬　万芷君　廖泽娜
郑梦芝　高淑琳　李　幸　侯跃芳　林洁清　张希凯

丛书总序

走向新质课程文化

众所周知，课程与文化有着天然的联系，对学校发展而言，凡是课程变革一定是文化变革，没有文化内核的课程变革很难取得成功；文化变革需要课程建设支撑，没有课程支撑的文化变革是难以想象的。学校教育的内在目的的实现是以具有内在品质的课程文化为前提的，不赋予课程内在的文化品质，高质量的教育便很难实现。如果我们的课程是外在性的、他律性的，那么学校教育的内在目的就很难真正实现。可以说，富有丰富的、内在的文化气韵是新质课程文化的显著特征。实现由工具性课程文化向内在性课程文化转化，是当代学校课程变革的文化走向。建构新质课程文化，实现教育的内在旨趣，是时代赋予学校课程变革的使命。

怀特海在《过程与实在》一书中指出：现实存在就是合生，每一个现实存在都不是只有一种元素的简单的存在，不是原子论意义上的存在，而是由诸多要素构成的合生体系。在学校课程变革过程中，课程与文化互为现实存在和潜在实在，二者"合生"即生成课程文化。推进学校课程文化变革，可以从怀特海的"合生"哲学中获得启迪。我们认为，课程与文化的合生设计，是建构新质课程文化的重要方法，在具体操作上有两条路径可供选择。

一、自上而下的演绎路径：从文化概念到课程设计

自上而下的演绎路径，从文化概念的顶层设计入手建构学校课程体系，实现从教育价值取向到课程愿景设计、从课程目标厘定到课程内容体系设计、从课程实施路径激活到课程评价推进、从课程育人体系梳理到课程支撑体系建构的全流程合生设计。

第一，提出学校教育哲学，生成学校课程理念。最关键的一点是提出文化核心概

念,即提出学校教育哲学核心概念,从文化核心概念设计出发进而确定学校教育价值观和内涵发展方法论,演绎形成学校办学理念,推理生成学校课程理念。学校教育哲学是学校共同体的教育信条,它渗透于学校教育全过程,贯穿在学校课程所有要素之中,体现于师生日常生活和学校空间环境之中。学校教育哲学包含学校使命观、价值观和愿景观,内蕴办学理念,下延课程理念。换言之,学校教育哲学、办学理念和课程理念之间的关系是由内而外的逻辑推理关系,具有逻辑一致性。

第二,确定学校培养目标,细化学校课程目标。根据教育方针关于教育目的的总体规定性要求,演绎确定学校培养目标,并根据课程方案的要求进一步细化成学校课程目标。在这里,教育目的、培养目标和课程目标是从抽象到具象的过程,是总体规定性和具体表现性之间的关系。课程目标对课程编制具有重要的导向作用,细化学校课程目标需要统筹学生的发展需要、知识的发展状况和社会的发展要求等综合影响。

第三,建构学校课程结构,设计学校课程内容。横向上,把握学校课程的内容结构。我们认为,最具育人价值的课程内容结构,包含课程内容的实质结构和形式结构。实质结构是对课程的质的规定性,反映着课程的内在价值取向,是对课程功能类别的深层理解;形式结构是按照一定标准对课程进行形式分类,并把握各类之间的关系,形成学校课程的形式结构。一般而言,课程的实质结构决定形式结构。纵向上,要把握学校课程的时间节律,科学设计学校课程的年级和学期布局,形成可供每一个年级推进的教学指南以及每一个学期落实的学程设计。如此,学校课程有几条跑道,以及每一条跑道如何设计都是明确的。

第四,激活学校课程实施,推动学习方式变革。激活课程育人方式,需要聚焦高质量发展要求,把握学校课程实施的多维路径。一般来说,学校课程实施途径主要有课堂教学、学科拓展、社团活动、项目学习、校园节日、研学旅行、家校共育、环境创设等。实现从文化概念到课程实施的合生设计,需要进一步明确每一条实施路径的内涵、做法以及相应要求,且每一条途径都应该有学校教育哲学的渗透,应该体现学校教育哲学的价值影响。

第五,创新学校课程评价,落实学校课程管理。课程评价和管理是保障课程变革顺利进行的重要条件。从新质课程文化的合生设计角度看,评价和管理既是学校课程实施的背景和场域,也是学校课程实施的手段和构成。课程评价和管理以及课程目标、课程框架、课程实施共同构成学校课程文化优化升级的内在逻辑,其逻辑起点就是立足学校教育哲学和课程理念,通过合生设计全面掌握学校课程实施情况;通过创新学校课程评价,全维度考查学校课程品质,系统描述学校课程的存在状况与实际成效;通过落实学校课程管理,提升学校内涵发展水平。

上述新质课程文化的获得是从文化概念建构开始的。从文化概念到课程设计的"合生",有利于提升学校课程的文化内涵,丰富学校课程的文化气韵。

二、自下而上的归纳路径:从课程实践到文化逻辑

从特定场景中的课程实践出发建构学校课程的文化逻辑,是学校课程文化变革的另外一条路径。在分析特定课程实践情境的基础上,提炼学校课程哲学,厘定学校课程目标,梳理学校课程框架,激活学校课程实施,巧用学校课程评价,这是自下而上的归纳道路,也是从特定课程实践入手到文化逻辑建构的"合生"道路。在这个过程中,要注意处理好传承与发展、共性与个性、整体与部分、科学与人文、认识与实践、理想与现实等多重关系。

一是学校课程情境分析要处理好传承与发展的关系。学校课程总是处于一定的情境脉络之中,是特定语境的产物。学校课程情境分析要注意把握学校课程发展的不同阶段客体和主体运动变化情况,深刻理解特定时间段的宏观、中观和微观情境,处理好传承与发展的关系,使学校课程情境的要素、联结和效应等获得系统分析和合理说明。传承与发展是相互转化的,是时间流的"合生"过程,传承的要素中往往内含着未来发展的空间,发展的要素中往往会有未来传承的可能。把握学校课程发展在连续性与非连续性之间的叠加效应,有利于推进学校课程文化变革。

二是学校课程哲学提炼要处理好共性与个性的关系。学校课程哲学属于专业的教育哲学范畴,须以制定纲领或提炼信条的方式从哲学角度确认,形成同教育有关的概念和系列观点,具有较强的专业性。在美国教育哲学家索尔蒂斯看来,专业的教育哲学包含个人的教育哲学和公众的教育哲学这两个方面。其中,个人的教育哲学指导个人的教育实践活动,具有独特性;公众的教育哲学面向公众群体,具有公众政策意

蕴,解释公众意识形态,指导许多人的教育实践活动,具有公众性。每一所学校都应该有独特的、体现时代精神的课程哲学,这一课程哲学既要具有学校的个性特征,又要体现时代的价值追求,要处理好共性与个性的关系。我们认为,新时代学校课程哲学的提炼,要基于对时代精神的整体把握和对教育改革形势的总体判断,围绕着培养什么人、怎样培养人、为谁培养人这一根本性问题,形成符合学校特定课程情境的发展理念,正确处理社会本位论和个人本位论的关系,透过共性与个性这一"合生"过程,用"自己的句子"回应时代命题。

三是学校课程目标厘定要处理好整体与部分的关系。育人目标是学校教育活动的出发点,也是学校课程的最终价值。整体与局部的关系的处理,核心在于回答"培养什么人"及其具体化的问题。一般来说,育人目标是把学生培养成什么样的人的整体要求和校本表达,课程目标是育人目标的年段要求和具体表现。育人目标反映了学校落实教育方针的特殊要求,是核心素养的校本表达;课程目标体现了学校培养学生的年段要求,是核心素养的具体细化。培养德智体美劳全面发展的社会主义建设者和接班人,这是我国各级各类学校培养目标的整体要求。结合具体情况,学校的育人目标要反映出学校的个性化要求以及全面发展的涌现性特征。我国各级各类学校培养目标作为一种整体要求,反映国家的育人规格和统一要求;学校的育人目标是学校的个性化要求,反映国家育人规格的整体要求和全面本质,二者具有鲜明的"合生"属性。同理,学校育人目标和在此基础上细化形成的学校课程目标,二者亦具有鲜明的"合生"属性。

四是学校课程内容设计要处理好科学与人文的关系。科学与人文的关系是课程内部的重要关系之一,是推动学校课程发展的矛盾焦点。当今时代,科学主义课程广泛影响了世界基础教育课程改革。2023年,教育部办公厅印发的《基础教育课程教学改革深化行动方案》就增列"科学素养提升行动",要求深化中小学科学教育改革,强化做中学、用中学、创中学,激发青少年好奇心、想象力、探求欲,提升学生解决实际问题的能力,发展学生科学素养。提升科学素养,强化科学探究,是时代赋予基础教育课程改革的使命。不过,我们在强调科学素养提升的同时,要清晰地知道:科学素养与人文修养辩证统一,科学精神与人文精神合理融通。科学要与人文有机统一,科学彰显人文特征,人文内蕴科学理性,科学与人文都是人类改造世界不可或缺的语言。因此,倡导科学精神和人文精神相结合的科学课程观,设计科学与人文整合的课程体系,以科学课程为载体,实现科学和人文的"合生"与"融通",是学校课程文化变革的重要追求。当下这一时代的科学教育理应回到充满生机活力的生活世界,理应从科学世界观、科学方法论、科学价值观等方面,帮助学生了解各领域的专家学者在过去、现在和未来是怎样看待人生、怎样认识世界、怎样理解人类社会的,进而增进学生的科学理性和人文精神,促进学生全面发展。

五是学校课程实施激活要处理好认识与实践的关系。学校课程实施的重要目标是促进学习者理解符号知识和经验知识,建立内部世界与外部世界的联系,这无可厚非。但是,实践是人的全面发展的基石,认识与实践是双向建构、合生共处的。《义务教育课程方案和课程标准(2022年版)》为此特别强调变革育人方式,发挥实践的独特育人功能。作为课程育人活动,学校课程实施不能把学生限定在书本世界,不能无视儿童与客观世界的联系。激活学校课程实施必须处理好认识与实践的关系,寻找认识与实践的"合生处"与"交融点",在实践中提升认识,在实践中增长才干。要确认实践性是学习的基本属性,提升课程育人的实践品质,彰显学习的实践属性,这是激活学校课程实施的关键所在。要丰富学习实践样态,强化真实性实践,关注社会性实践,提升实践的思维含量,激活实践体验过程,提高学生的实践理解力;要激活反思理解过程,学会处理人与自然、人与社会、人与自我的关系,提升学生的生命觉醒力,处理好认识与实践的关系,这是激活学校课程实施的基本立场。

六是学校课程评价创意要处理好理想与现实的关系。理想源于现实,是思想先导,是现实的桃源;现实立足理想,是客观存在,是理想的源泉。理想与现实之间,是你中有我、我中有你的"合生"关系。中共中央、国务院印发的《深化新时代教育评价改革总体方案》指出:"坚持科学有效,改进结果评价,强化过程评价,探索增值评价,健全综合评价","坚持统筹兼顾,针对不同主体和不同学段、不同类型教育特点,分类设计、稳步推进,增强改革的系统性、整体性、协同性。坚持中国特色,扎根中国、融通中外,立足时代、面向未来"。为此,学校课程评价应坚持全面性与专业性、科学性与客观性、稳定性与发展性,既追求理想,注重课程评价的价值引导,按照理想要求做好顶层设计,使学校课程评价具有"通天线"之智慧;同时又立足现实,秉持科学客观之精神,尊重客观现实,总结成败得失,使学校课程评价具有"接地气"之魅力。换言之,学校课程评价要在理想与现实之间找到平衡点,架设理想的课程和现实的课程之间的桥梁,为促进学生全面发展、教师专业成长和课程体系完善发挥导向作用。

深圳市坪山区立足教育规律和学生成长规律,以培养学生必备品格、关键能力和正确价值观为指向,构建了"引领性课程、普及性课程、个性化课程"三维一体的"品质课程"体系,旨在以课程改革驱动内涵建设,以教学变革促进课堂转型,以学习方式转变优化育人模式。坪山区"品质课程"系列实践表明,学校课程文化变革可以是演绎式,也可以是归纳式。演绎式可理解为"概念先行——实践验证"方式,归纳式可理解为"实践探索——归纳提炼"方式。课程是具有情境性和价值负载的文本,建构新质课程文化宜采取理论、研究与实践互动的方式。这种方式不完全依赖于概念或理论,也不脱离学校实际情境。在学校课程实践中,以学校课程情境为基础,以课程实践问题为切入点,以理论为指导,以概念为圆心,边研究边行动,在实践中总结提炼,又在实践中加以验证与改造,在理论与实践的互动互补、碰撞对话中生成学校独有的课程文化框架。

当然,新质课程文化的合生设计,不论选择哪一条路径,都必须为课程文化变革提供充分理由或理论依据,增强学校课程文化变革的认同感。在某种意义上,这也是一种文化自觉。

林启达　王　琦　杨四耕

2024 年 6 月 6 日

目 录

前言　习性教育，落实立德树人的校本探索　　　　　　　1

第一章　良好习性是一生的财富　　　　　　　　　　　　1

在岁月的长河中，良好习性如同一股不可见的风，既能推动帆船乘风破浪，也能引领孩子们稳健前行。习性教育探寻中华优秀传统文化的根基，深植于每个孩子的心田，成为他们人生旅途中最宝贵的财富。"顺天性之真，育人性之善，明德性之美。"我们相信，每个人的天性中都蕴藏着无限的潜能，良好的习性就是开启这些潜能的钥匙。

第一节　教育哲学：知行合一，习与性成　　　　　　　　2
第二节　办学理念：习惯引领发展，性格影响未来　　　　6
第三节　课程理念：积行成习，积习成性，积性成命　　　7

第二章　培养有灵性的生命　　　　　　　　　　　　　　13

每一名学生都是一个有灵性的生命。良好习性、健全人格的课程目标，通过细致入微的课程设计和教学实践，关怀儿童成长的每一个方面，从而帮助儿童建立起对生命的尊重、对世界的好奇心以及对美好事物的追求。我们相信，通过这样的教育过程，孩子们不仅能够习得知识，更能成为有爱心、有责任感、有创造力、有灵性的生命个体。

第一节	育人目标:健康、文明、智慧、高雅	14
第二节	总体目标:良好习性、健全人格	17
第三节	课程目标:依循规律,有的放矢	19

第三章　为儿童设计可感的学习经历　　　27

我校采用"环境创设·具身学习·习与性成"的习性教育新方案,致力于为儿童设计可感的学习经历。通过"六习"课程,给孩子提供更多的参与感和体验感,调动孩子多元智能发展,让每一种感官都成为孩子学习的触角,唤醒他们的思维。我们坚信,通过这样的可感学习经历,高效学习不再是遥不可及的梦想,而是触手可及的现实。

第一节	课程结构:超越习惯本身	28
第二节	课程设置:习性是生命的存在形态	33

第四章　激活生命的成长内驱力　　　75

我们提供多样化的学习资源和支持,让每一次体验都成为孩子们成长的烙印。我们在课堂教学中巧妙地运用"六感"策略生动显明地呈现知识,通过学科课程实施全方位习性渗透和培养,通过丰富的社团活动促进儿童挥洒个性、展现特长,通过研学旅行鼓励孩子在广阔的世界里用脚步丈量生命的宽度与深度,通过校园节日增强文化自信,通过项目学习培养创新能力,精心创设显明可感知的学习环境和空间等,发掘儿童内在的无限可能,触发他们内心深处的学习期待,以此激活生命的成长内驱力。

第一节	课堂教学：酝酿学习激情，触发学习期待	76
第二节	学科课程：深化概念思维，培养实践能力	95
第三节	社团活动：顺应儿童天性，协同融合发展	105
第四节	研学旅行：行走祖国大地，了解天下大事	125
第五节	校园节日：传承优秀文化，弘扬精神文明	132
第六节	项目学习：学科知识融合，培养创新能力	139
第七节	环境创设：构建显性空间，调动感观交互	147

第五章　让生命自由呼吸　　　　　　　　　　151

以习志为魂，习体为骨，习礼为韵，习文为翼，习艺为彩，习慧为光。借助互联网技术的力量，我们深度挖掘课程的新质评价力，使之成为教师优化教学的明灯、学生自我完善的灯塔。新质课程评价不仅点亮了教师教学的智慧之光，更点燃了学生自我完善的内心之火，让每一个生命都绽放出独特的光彩。

第一节	评价目标：唤醒每一个生命的自觉	152
第二节	评价指标：让每一个生命独特生长	155
第三节	评价方式：让每一次成长都有温度	169

第六章　奏响协同育人的交响乐　　　　　　　　173

家庭教育，如同温暖的港湾，为孩子们的成长提供最初的庇护与滋养，塑造着他们独特的性格与品格。学校教育，则是知识的灯塔，照亮孩子们前行的道路，引领他们在学习的海洋中探索与发现。社区教育，则是广阔的天地，为孩子们提供实践的舞台，让他们在丰富多彩的活动中锻炼能力、拓宽视野。家校社协同育人,如同一曲优美的交响乐,让我们奏响这曲合作育人的交响乐。

第一节　校社合作:融合区域特色　　　　　　　　　　174

第二节　家校共育:优化教育机制　　　　　　　　　　180

第三节　社会参与:突破互动限制　　　　　　　　　　186

第四节　团队建设:构建组织保障　　　　　　　　　　191

后记　　　　　　　　　　　　　　　　　　　　　　207

前 言

习性教育，落实立德树人的校本探索

深圳市坪山区中山小学创办于 2015 年 8 月，占地 20 000 平方米，总建筑面积 18 322 平方米，设计规模 36 个班。截至 2024 年春季，学校共有 40 个教学班，学生 1 757 人；教师 103 人，平均年龄 33 岁，研究生 16 人，建校 8 年培育出省、市、区级名师 25 人，正高级教师 1 人。

中山小学践行习性教育，倡导"知行合一，习与性成"的教育哲学，以"习惯引领发展，性格影响未来"为办学理念。为解决学生习性养成难问题、突破机械式反复训练路径，中山小学形成落实立德树人的、可复制推广的"环境创设·具身学习·习与性成"习性教育新方案（见图 0-0-1）。

习性教育厚植于中华优秀传统文化，践行了马克思关于人与环境的论述。它汲取国内外先进教育教学理论，遵循习性为长期在某种自然或社会环境中所养成的规律，围绕培养什么样的习性及如何培养，提出"天性求真、人性向善、德性尚美"观点，构建"六习"（志、体、礼、文、艺、慧）课程体系，继承积习成性传统路径。它运用"六感"（视、听、嗅、味、触、意）策略，形成以学习为中心的校园空间、学科教学、实践活动三类环境创设模式，实施具身学习，创新实施国家课程，构建"三类-六维"（三类：基础课程、拓展课程、个性课程；六维：习志、习体、习礼、习文、习艺、习慧）的习性教育课程结构体系和"六维三层"评价体系，培养六大习性，促进学生核心素养发展。

一、形成习性教育理念体系

一是植根于"习与性成"等中国智慧，提出"天性求真、人性向善、德性尚美"的育人理念，倡导"顺天性之真，育人性之善，明德性之美"。习性养成需遵循儿童身心特点，

图 0-0-1 中山小学习性教育新方案

顺应其天性禀赋与求真的天性,保护其兴趣和好奇心;把握合群与向善的特质,引导养成规范性社会行为;弘扬美好德性,塑造学生为国为民的远大志向。

二是提出环境"二分法"。习性教育继承马克思的环境论和杜威的教育环境论,把环境分为可感知环境和非感知环境;认为存在大量未被个体感官感知到的环境,必须创设显明的可感知环境,充分发挥或训练先天之性对环境的感知能力,并通过"习"培养人。

三是提出基于人的感觉唤醒的可感知环境创设的观点,回答了环境如何具体创设及有效塑造人的问题。可感知的教育教学环境创设必须有利于激发人的"六感",促进学生具身学习。以学习为中心的可感知教育环境包括校园空间、学科教学及实践活动三个层面。

二、构建"六习"课程体系

(一) 创建习性培养指标体系

以"立德树人,全面发展"为指导思想,汲取中华优秀传统文化关于"六艺"的表述,构建习志(立志、砺志、守志)、习体(体健、体勤、体美)、习礼(礼制、礼仪、礼度)、习文(习言、习字、习作)、习艺(技艺、审美、想象)、习慧(静思、质疑、创新)等6个模块、18个要素的习性培养指标体系。培养学生崇高的志向习性、良好的整理习性、文明的行为习性、儒雅的文化习性、高雅的审美习性、智慧的思维习性。

(二) 实现习性教育课程结构统整

以"六感"激发为策略,创造性实施国家课程,加强校本课程建设。开发红色基地研学、劳动整理节等拓展性课程和国旗护卫等68门个性课程,构建"六习"课程体系,强化习性培养。

以劳动教育课程为例:继承并整理儒家的20项人生追求,即"三纲领"(明明德、亲民、止于至善)、"八条目"(修身、齐家、治国、平天下、格物、致知、诚意、正心)、"三日常"(洒扫、应对、进退)、"六艺"(礼、乐、射、御、书、数)。实施三个层次教育,即整洁(洁物、洁人、洁心)、尚齐(齐物、齐人、齐心)、数理(天理、地理、人理)。通过劳动整理教育,实现"五育"融合。

三、提供可感的学习经历

(一) 校园空间文化创设

(1) 对联文化。以对联形式展示学校习性教育文化。自作"习性是根,骉骉骉马尽骐骥;育人为本,森森林木皆栋梁""天性人性德性,性性兼习是骐骥;知识见识胆识,识识具备成栋梁""图自河图,一图便解天下事;书源洛书,万书难尽世间学"等对联,实施文化育人。

(2) 墙壁文化。将社会主义核心价值观、名言警句及师生作品制成标牌挂在墙壁上;将班级之星、年级之星、学校之星的笑脸照片用相框固定在笑脸墙上;教室、办公室使用带有"努力向学,蔚为国用"学风字样的装饰物。

(3) 井盖文化。校园内的井盖绘上了各种姿态的马,寓意自强不息的精神,喻示每一个孩子都是千里马,教师们作为"伯乐"要善于发现学生亮点,顺性而教,引导学生健康快乐成长。

(4) 班级文化。实现班级布置特色化,如设计主题黑板报、班旗、班级口号,制定班级公约等。教室外墙悬挂以班级文化建设为主要内容的电子班牌,充分展示班级风采,发挥榜样示范作用。

(二) 课堂教学具身体验

1. 习性课堂一般模式

形成"习性准备—习性助学—多维习得"三个板块的习性课堂一般模式。

(1) 习性准备:包括物品、情境、情绪、情感的准备,如情绪调动、情感铺垫等。通过游戏、实验等手段,创设学习环境,酝酿学习激情,触发学习期待,做到"未成曲调先有情"。

(2) 习性助学:以自主学习与合作探究为组织形式,以"六感"调动促进有效学习,提高教学质量,达成"人面桃花相映红"。

(3) 多维习得:实现课堂学习"三得",即习得基础知识和基本技能、学习方法、情感态度价值观,实现"千树万树梨花开"。

2. 习性课堂主要策略

以"六感"(视、听、嗅、味、触、意)作为习性课堂主要策略,以图片或图解等视觉输入、旋律或节奏等听觉联动、嗅觉刺激、味觉诱发、触觉体验、意觉唤醒等手段,创设显明可感知的学习环境,调动学生感官,创新实施国家课程,提升具身认知水平,培养学生好习性。

(三) 实践活动丰富多样

实践活动本身即为显明可感知教育环境的重要形式,是培养学生实践能力的重要路径,也是推动学生形成概念思维或实现深度学习的重要教学方式。

习性教育实践活动形成了三维度教学模式,一是学科实践教学模式,即在语文、数学等学科中采取实验教学、活动教学或项目式学习等,深化学生概念思维,培养实践能力。二是构建专题式或主题式的校内实践活动教学模式,形成了以五大节及一日生活为主题的100多项实践活动。三是社会实践活动教学模式,与比亚迪、中芯国际等高科技公司合作,共建社会实践教育基地,采取参观、体验及活动等学习方式,培养学生的科学探究能力。

四、构建"六维三层"评价体系

根据"六习"6个维度指标,通过重要观测点计分、写实记录、评语评价等形式,构建习性教育评价体系。

(一) 重要观测点计分评价

选取日常在校具有典型性、可测量的关键习性,作为学生习性表现评价的重要观测点,按周计分,形成"千里马"班级评比细则(含集会、两操等10个方面),推动好习性集体养成。我们积累了每个学生习性成长数据,形成习性成长表现评价档案材料。

(二) 写实记录

构建过程性写实评价模式。建设习性教育网络评价平台,进行写实记录、数据统计与分析。学生通过应用软件随时上传客观性成长关键事件及其证据材料,进行写实记录和即时自我评价;评价积分自动累计,生成个人成长维度图。教师通过智慧班牌,对学生写实记录及值日、考勤情况给予即时性评价,激发兴趣,矫正不足,及时帮助学生养成好习性。

(三) 评语评价

关注学生的增值性发展,编制《习性教育评价手册》,每学期末从德育、学业和特长等多维度对学生进行评价。一方面,学生用纪实性语言陈述习性养成情况,教师和家长分别对孩子成长情况给予评语评价;另一方面,将家长变成评价对象,孩子展示自己对父母的评价,促进家校共育。

五、效果与反思

习性教育落实立德树人,用可以复制推广的方式,回答了如何培养人的问题。习性教育是深圳 20 年课改的重要成果之一,是坪山本土培育的在国内产生较大影响的教育品牌。习性教育"六习"课程被评为深圳市坪山区品质课程,中山小学被评为坪山区品质课程示范校。

自坪山建区以来,习性教育获省级教学成果一等奖两次,二等奖一次。2022 年,《习与性成:习性教育育人体系构建与实践》获国家级教学成果二等奖,实现坪山教育国家级教学成果奖零的突破。《习性教育课程建设方案》荣获广东省中小学特色课程建设方案评选一等奖。习性教育"六习"课程建设取得显著成效,在教育领域起到良好的示范效应。

(一) 学生习性良好

90% 以上的学生养成好习性。体质优良率上升至 54%,在 2023 年国家学生体质健康测试中,学生体测优良率超过 97%;各级各类获奖累计 3 069 项,参加广东省艺术体操等比赛获得特等奖、一等奖,舞蹈等获得全市一、二等奖 1 200 人次;探究性小课题市级立项 20 项,7 项为优秀课题。

(二) 教师素养提升

家长对教师满意度为 99.16%。2015—2019 年连续 4 年教学质量显著高于区平均水平;教师立项课题 51 项,出版专著 3 部,发表论文 200 余篇,受邀前往香港、山东、广西等 15 地开展专题培训或讲座 100 余场次;参加专业比赛 2 491 人次获奖。

(三) 学校优质发展

中山小学被评为"2021 全国青少年校园足球特色学校""中国 STEM 教育 2029 行动计划首批种子学校""广东省基础教育研究实验基地学校""广东省中小学艺术特色学校""深圳市第三批教育科研基地学校""坪山区品质课程示范校"等;成果获国家级教学成果二等奖、广东省教学成果一等奖等多项奖励。家长对校风、学风的满意度为 98.65%;市政府教育督导室认定"中山小学是一所上级肯定、社会认可、家长满意、学生喜欢的区域名校"。

(四)成果影响深远

开发个性课程68门,挂牌本地大学成立习性教育研究中心,建立广西田东县等6个习性教育基地及比亚迪、中芯国际等实践基地,在全国多地及美英等国200多所学校20万余名师生中推广应用,美国、新加坡及国内香港、浙江、江苏等多地110余个考察团到校观摩学习;承办教育部第三届学校创新发展(习性教育分会场)等全国研讨会7次,参加20场国内外学术论坛并演讲;央视、《中国教育报》等47家媒体报道;多位教育名家认为习性教育育人效果好;市政府教育督导室评估认为"学生习惯良好、人格健全"。

在课程建设与实施过程中,我们依然面临一些实际问题亟待解决。对于在国家课程实施中如何深入进行课程开发,以及如何深化"六感"策略探索学科教学方式的具体实践创新等,我们仍需深化研究和探索。

(深圳市坪山区中山小学　陈剑芬　岳　丽)

第一章
良好习性是一生的财富

在岁月的长河中,良好习性如同一股不可见的风,既能推动帆船乘风破浪,也能引领孩子们稳健前行。习性教育探寻中华优秀传统文化的根基,深植于每个孩子的心田,成为他们人生旅途中最宝贵的财富。"顺天性之真,育人性之善,明德性之美。"我们相信,每个人的天性中都蕴藏着无限的潜能,良好的习性就是开启这些潜能的钥匙。

第一节 ❙ 教育哲学:知行合一,习与性成

一 论知与行

明代王阳明在《传习录》中提出"知是行的主意,行是知的工夫;知是行之始,行是知之成",强调"知之真切笃实处即是行,行之明觉精察处即是知。知行功夫本不可离",创造性地提出了"知行合一"的思想。他主张知行并进,相互为用。

什么是真知真行呢?王阳明以《大学》中"如恶恶臭,如好好色"为例进行形象说明。他认为,"见好色属知,好好色属行。只见那好色时已自好了,不是见了后又立个心去好;闻恶臭属知,恶恶臭属行,只闻那恶臭时已自恶了,不是闻了后又立个心去恶",意在指明"真知"就是"行"。

"知不行之不可以为学,则知不行之不可以为穷理矣。知不行之不可以为穷理,则知知行之合一并进,而不可以分为两节事矣。"知与行本身就应是一件事。有知必有行,有行必有知;偏重实行,注重事上磨炼,讲求不落空虚等。

因此,在教育过程中,须着重力行实践,要求学生努力实行。学以致用,用以促学,才能达到教学的目的。

二 论性与习

《中庸》开篇第一句是:"天命之谓性,率性之谓道,修道之谓教。"

天命就是性,就是天性。对于没有生命的无机物来说,就是它的物理性质、化学性质。对于生命体来说,就是基因。比如水到100摄氏度会沸腾,0摄氏度会结冰,这就是水的性。人的性都包括哪些呢?一是性别,也就是人分为男性或女性,二是人基本的生理和心理机能。这些构成了人作为"人"的人性。

"率性之谓道"(率,是遵循的意思),遵循天命、天性、天理,就是大道。古人说,人

和万事万物,各自遵循其性之自然,其日用常行,各有当行的道路,仁义礼智,仁为父子之亲,义为君臣之分,礼为恭敬辞让之节,智为是非邪正之辨,其应事接物待人,无不依循那性中本有的。所以说"率性之谓道","率性"不是任性。率性而为,就是一切都要依天理而为,合乎人之理、夫妻之理、父子之理、兄弟之理、朋友之理、社会之理、自然之理、天地之理。

"修道之谓教",修炼"率性"和"天道"就是教育,就是教化。人有天性,为什么还要教化呢?"性相近,习相远",后天的习得不一样。

人在坏环境中就容易学坏,所以不能尽率其性。《太子少傅箴》有言"近朱者赤,近墨者黑"。《墨子》一书也讲到"染于苍则苍,染于黄则黄"。《荀子·劝学》:"蓬生麻中,不扶而直;白沙在涅,与之俱黑。"这些都表明环境对人有很大影响。

在儒家看来,公序良俗、法律法规不是约束人的东西,而是让人恢复他本来就有的善性。给大家定规矩,作为天下的法则,用礼仪来节制,用音乐来调和,用政令来统一,用刑法来禁止,让每个人都能遵循大道而行,以恢复其天性。

不增不减,这就是教化。

明末清初王夫之主张:"性者,生理也,日生则日成也。"在《尚书引义》中,王夫之把人"性"分为"先天之性"和"后天之性"。所谓"先天之性",即人的"自然之质",主要指耳、目、口、鼻、心等感官的功能。所谓"后天之性",即通过后天的"习"(即教育)获得的知识、才能和道德观念。因此,"性"应该是先天与后天的结合,人的生长和发展全在于"习"的作用,这就是他所说的"习成而性与成"。

在王夫之看来,"习"的具体内涵在广义上包括知和行,而"知行"的内涵与先秦儒家所谓的"学"大体相同。在古代哲学视野中,"性"与"习"的互动,具体体现为"本体"和"功夫"的互动。所谓"本体"是指"人的内在的精神结构、观念世界或意识系统"。对应而言,就是"性相近"中的"性",指人生而有之的共同本性以及本性所隐含的潜在可能。与"本体"相对应的"功夫",展开于人从可能走向现实、化应然为实然的实践过程之中,具体可分为"观念形态的功夫"和"实践形态的功夫"两个方面,对应而言就是"知"与"行"的功夫。

三 论习性与习性教育

商朝的伊尹是一位名相,在政治、军事等方面都有建树,在教育上则提出了"习与性成"的思想。伊尹认为人的性格、品质是在日常生活中形成的。他在培养商王朝接班人太甲的教育实践中,强调"习"的重要性,并自觉地创设环境进行教育。这说明,他已看到了环境在教育中的作用。

后来的古代圣贤包括孔子认为的"性相近,习相远",荀子的"积习成性",王夫之的"习成而性与成"等,都继承并发展了伊尹的教育思想。这也是习性教育对人及教育本质思考的源泉。

"习"的繁体字由两个"习"字和一个"白"字构成,造字本义是指幼鸟在鸟巢上振动翅膀练习飞行。习性教育认为,"习"分三个层次:学习、练习、温习。对小学生而言,习的内容主要为"六习":习志、习体、习礼、习文、习艺、习慧。

"性"指性格、性情、性质,是一个人的生命气质。习性教育认为,人的最高境界是"真善美"。真即本真、真我,教育要顺应天性,让学生成为最好的自己。善即良善,致良知于行动,引导学生用知识和道德良知来指导自己的行动,让学生成为知行合一的人。美即完美,通过"六习"的培养,让学生成为全面发展的人。

习性是指个体长期在自然、家庭、社会、学校的环境中所养成的一种特性,包含习惯、性格。习性不同于习惯。习性在习惯的基础上形成,但具有超越习惯的建构性质。

习性教育汲取中华优秀传统文化"习与性成"等教育思想,顺天性之真,育人性之善,明德性之美。习就是知行合一,通过习之通道、平台、桥梁,致力于良性螺旋上升,达到天性求真、人性向善、德性尚美的"真善美"追求,实现天人合一,落实立德树人,并围绕"积什么习,如何积习成性",创造性构建习性教育"六习"(即习志、习体、习礼、习文、习艺、习慧)课程体系,培养学生成为德智体美劳全面发展的社会主义建设者和接班人。

习性教育是"顺天性之真"的教育。天命之谓性,这是人作为万物之一的自然属性,谓之天性。人生而不同,各具禀赋。习性教育强调定性而习,呵护个性。我们以"让每一个孩子得到适合的成长"为宗旨,注重学生的个性发展、特色发展、可持续发展。是鱼,就让它在水里面游,而不是让它在天空中飞;是老虎,就给它一座山,让它成为百兽之王,让学生成就最好的自己。

习性教育是"育人性之善"的教育。人是群居动物,是社会人,必须学习并遵守相关的社会规则,修身养性,发扬人性之善。习性教育注重知行合一、积习成性,主张通过营造有利于人性培育的文化育人环境,从规范学生行为习性做起,进行反复抓、抓反复的持久性养成教育,帮助学生培育美好人性。

习性教育是"明德性之美"的教育。人作为万物之灵,应该有高尚的追求,负责任,敢担当,济天下,彰显德性。习性教育认为教育首先应该培养具有光明德性的人,通过对学生进行情感、态度、价值观的正确引领,让学生获得健全的人格和高尚的品德。

第二节 ▎ 办学理念：习惯引领发展，性格影响未来

美国心理学家威廉·詹姆斯说："播下一个行动，收获一种习惯；播下一种习惯，收获一种性格；播下一种性格，收获一种命运。"行为形成习惯，习惯影响性格，性格决定命运。一个人如果从小养成良好的习惯和性格，会受益终生。

"习惯引领发展，性格影响未来"是习性教育的办学理念。"少成若天性，习惯成自然。"习性教育坚持在小学阶段培养学生良好的习性，将培养习性渗透进学校教育、学科教学及学生活动的各个环节中，遵循循序渐进、由表及里、步步深入的教育规律，与家庭教育、社会教育相结合，真正培养学生形成良好习性，不断完善性格，塑造健全人格，奠定人生发展的坚实基础。

培养良好习性，完善学生性格。让"德"内化为学生自发性的行为表现。我们以习性养成为抓手，不断完善学生的性格，夯实人生发展基础，培养"健康、文明、智慧、高雅"的人。

第三节 课程理念：积行成习，积习成性，积性成命

《荀子·儒效》中说："性也者，吾所不能为也，然而可化也。积也者，非吾所有也，然而可为也。注错习俗，所以化性也；并一而不二，所以成积也。习俗移志，安久移质。并一而不二，则通于神明，参于天地矣。"本性和积累都不是我们所造就和拥有的，但可以通过行为使其发生变化，移风易俗，又通过风俗习性来影响人的思想，长久地受风俗习性的影响，人的本性就会改变。只要专心致志，不三心二意，就能通于神明，与天地相参同了。"积土成山，风雨兴焉；积水成渊，蛟龙生焉；积善成德，而神明自得，圣心备焉。故不积跬步，无以至千里；不积小流，无以成江海。骐骥一跃，不能十步；驽马十驾，功在不舍。"由此可见，积累对于学生的行为、习惯、性格与命运都极为重要。只有通过积累，学生才能在顺应天性的基础上，培养人性，直至彰显德性，达到"致良知"的境界，成为"至圣之人"。

一 积行成习

积行成习，"行"指行为，"习"指习惯。在习性教育中，"行"亦是"知行合一"的行，是"致良知"的必然途径。学校的课程设置和实施要以贯彻"致良知"并使之"习与性成"为目的。

环境润泽、制度他律和主体自律是习惯养成的三大促成方式，三者相互联系和促进，缺一不可。

（一）环境润泽

环境具有潜移默化的作用。习性教育极为重视校园物质环境和人文环境对学生的熏陶作用。从学校层面来看，环境主要包括供学生学习、锻炼、游戏等的场所和基础设施、教育者和管理者的素质、学生社团的吸引力和凝聚力、学生参与学习和各项活动的积极性等；从家庭层面上看，主要指家庭的生活环境、家长及兄弟姐妹等成员的行为

习惯等;从社会层面上看,主要指社会的主流和非主流文化、风俗时尚、社会资源可利用性等。

环境对人的成长有着直接的导向和润泽作用。良好的环境能为行为内化提供优质的养分,生动、具体、富有生命力的良好氛围对小学生习惯的养成具有重要的导向作用。因此,在习性教育中,我们充分认识到言传身教的重要性,形成以学习为中心的校园空间、学科教学、实践活动三类环境创设模式,促进学生核心素养发展。

(二) 制度他律

他律是指接受他人或法律法规、纪律、舆论等外在规定的监督和约束。学校的规章制度本身带有他律的性质,要求主体在制度内容的指导下执行。小学生习惯的养成离不开制度的规范,离不开教育者的指导、督导和引导。制度可以规范学生的行为,使其科学化、制度化、规范化,潜移默化地将他律下的行为转化为自动化的行为习惯。小学生需要在制度的约束下,意识到行为的不足,培养自我反思、自我控制、自我管理的能力,自发地采取行动,并通过意志努力去坚持,反复强化,持之以恒,最终达到行为的高层次——习惯养成。

在习性教育中,学生要习志、习体、习礼、习文、习艺、习慧,学校制定课程管理规范,保证学校师资配备,落实学生参与课程学习和实践,督促学生积极投入学习和活动,对学生习惯的养成起到良好的激励作用。

(三) 主体自律

主体自律是指主体不被外部的权威或准则制约,不受他人支配,通过自我反思、自我控制、自我管理,自觉地按照一定的行为准则去实现目标、达到目的的精神活动。"冰冻三尺非一日之寒",习惯养成是一个从量变到质变的漫长过程。在这个过程中,制度他律对学生习惯养成无疑起到了巨大的作用。但是,学生习惯养成最关键的因素还在于学生主体的自律。从哲学角度来看,外因是条件,内因才是关键,外因需通过内因起作用;落实到习惯养成中,他律是条件,自律才是关键,他律必须通过自律才能起到养成作用。制度他律对学生行为的影响无论有多系统、多严格,都逃不开在此过程中对学生主体意识、智慧、潜能、自觉、理性和信念等内部心理的激发和调动。不通过自律激发的行为只是对外界刺激的机械反射。没有学生自主意识的调节,这些规章制度只能是镜花水月、空中楼阁。

总而言之，只有将他律内化为自律、将外在制度转化为内在需要、将"要我做"转化为"我要做"，才能真正将行为转化为持之以恒的习惯，才能真正体现教育对习惯的养成作用。

二　积习成性

在习性教育中，"性"包含一个人的性格、性情。性格是通过习惯来养成的。在日益强调文化自信的今天，我们必然要以中华优秀传统文化中折射出的性格特征为基点，在习性教育中培养具有中国特色性格的面向国际的公民。

良好性格的养成之策，包括突出环境育人、强化正面指导、培养底线意识、注意防微杜渐。

（一）突出环境育人

人如何习得后天之性？习性教育继承马克思的环境论和杜威的教育环境论，提出环境"二分法"，把环境分为可感知环境和非感知环境。习性教育认为存在大量未被个体感官感知到的环境，必须创设显明的可感知环境，充分发挥或训练先天之性对环境的感知能力，并通过"习"（即教育）来促进人的可感知性，逐渐获得习性。习性教育进一步提出，可感知的教育教学环境创设必须有利于激发人的"六感"，促进学生具身学习，回答了环境如何具体创设及有效塑造人的问题（见图1-3-1、1-3-2）。

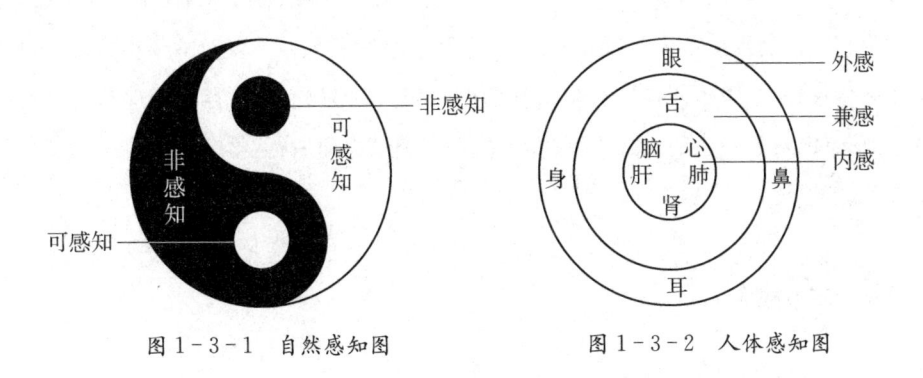

图1-3-1　自然感知图　　　图1-3-2　人体感知图

习性教育同时也强调，学校要注意家庭环境对孩子性格养成的独特影响，重视家校联动,以友好和谐环境健全学生性格。

(二) 强化正面引导

正面引导也是良好性格养成的有效手段。孟子认为,人生来就是善的;王夫之的"致良知"思想告诉我们,"良知"是我们与生俱来的,但是容易受到私欲蒙蔽。所以必须对学生进行正面引导,使"良知"的光芒显现出来。具体而言,教师可以将中华传统故事中的正面榜样,如唐代娄师德唾面自干、汉代张良为老人纳履等,作为学生良好性格养成的良方之一。除了传统故事,教师还可以发掘不同性格学生的不同优势,使学生互为榜样,在班级范围内形成良好的性格塑造氛围。

(三) 培养底线意识

性格本身无优劣之分,但无论是哪种性格,底线意识都是不可或缺的。所谓底线意识,指的是在某些特定范围内不能有一丁点越界的意识,是根据最低要求规范人的行为准则的意识。小学生正处于性格形成的关键期,必须让他们意识到什么该做,什么不该做,什么是好习惯,什么是坏习惯。如果学生只重视目标的达成而不顾手段是否合情合理合法,很容易养成偏激的性格,短期能获取利益,长此以往将给自己和他人都带来负面影响。

(四) 注意防微杜渐

性格的养成并非止于一朝一夕,它是日积月累的沉淀。在反复抓、抓反复的过程中,良好的行为便养成良好的习惯,良好的习惯逐渐转化为良好的性格。同样,不良的行为和习惯将会导致不良的性格。所以,要注重未雨绸缪,防微杜渐,从源头出发,不良行为和习惯刚露出苗头时就及时制止,不让它继续发展。不仅教师要将防微杜渐贯彻于教育过程中,学生同样要有防微杜渐的意识。举例而言,包容心是保持良好心态的必要条件,对于别人的无意识冒犯,学生一定要三思而后行,学会从换位思考的角度出发,适度忍让。

三 积性成命

"成",常用的字义是"成为,变为,成全,成就"等。从字义上理解,"积性成命"即"性格成就命运",也就是说,一个人的性格对其命运起着关键性的作用。那么,性格能否决定命运呢?

从哲学和心理学角度来说,命运包括两个部分:一个是命,是先天注定的,比如出生时间、身高、相貌、气质类型(心理学概念)、先天缺陷等;一个是运,是运气,是后天可以选择的,这种选择受到自己性格的影响。命运在一定程度上规定、限制了个人的禀赋、际遇和命限,性格成就命运,性格影响未来。

但常语云:"江山易改,本性难移。"习性教育认为,性没有好坏之分,我们要做的不是让学生改变其性格,而是引导学生在合适的境遇下表现出适合的性格,不断完善性格,最终形成健全人格,收获美好人生。

习性教育传承程朱理学、阳明心学等传统理论,认为"无善无恶人之性,有善有恶主因习。环境育人要重视,立德树人可六习"。习性教育就是要回答培养什么样的习性、如何培养习性的问题,最终实现彰显人性的教育。而要达到这个目标,或要培养学生良好的习性,必须通过特定的可感知环境的创设,通过特定的课程、教学及其他路径积习而成。因此,习性教育通过"六习"课程、"六感"策略、"六维三层"评价等的育人实践,为学生全面发展和素养培养提供了可感的学习经历和可行的实施路径(见图1-3-3)。

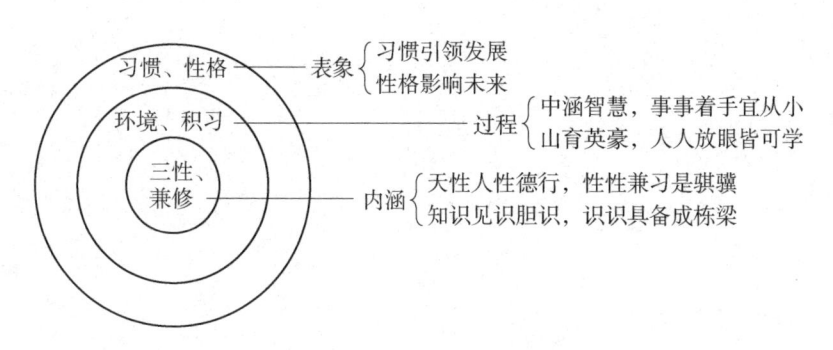

图1-3-3 习性认知图

(深圳市坪山区中山小学 万芷君)

第二章
培养有灵性的生命

每一名学生都是一个有灵性的生命。良好习性、健全人格的课程目标,通过细致入微的课程设计和教学实践,关怀儿童成长的每一个方面,从而帮助儿童建立起对生命的尊重、对世界的好奇心以及对美好事物的追求。我们相信,通过这样的教育过程,孩子们不仅能够习得知识,更能成为有爱心、有责任感、有创造力、有灵性的生命个体。

第一节 | 育人目标：健康、文明、智慧、高雅

建设中国特色社会主义教育强国，必须以坚持党对教育事业的全面领导为根本保证，以立德树人为根本任务，以为党育人、为国育才为根本目标，以服务中华民族伟大复兴为重要使命。

培养什么人、怎样培养人、为谁培养人是教育的根本问题，也是建设教育强国的核心课题。我们建设教育强国的目的，就是培养一代又一代德智体美劳全面发展的社会主义建设者和接班人。

中华民族是重视德育和志趣高尚的民族。"立德"为我国古代所谓"三不朽"之一，《左传》载有"太上有立德，其次有立功，其次有立言，虽久不废，此之谓不朽"。意思是，人生最高的境界是立德有德、实现道德理想，其次是事业追求、建功立业，再次是有知识、有思想、著书立说。这三者是人生不朽的表现。把"立德"摆在第一位，是因为万事从做人开始。"一年之计，莫如树谷；十年之计，莫如树木；终身之计，莫如树人"，《管子》中的这段话说明我们的先贤已充分认识到培养人才是长远之计。"立德树人"也几乎是我国历代教育共同遵循的理念。

培养什么人、怎样培养人、为谁培养人是我国社会主义教育事业发展中必须解决好的根本问题。它抓住了教育的本质要求，明确了教育的根本使命，符合教育规律和人才培养规律，进一步丰富了人才培养的深刻内涵。人的全面发展是人类的崇高追求，是人的发展和社会发展的最高目标、最终价值取向。教育作为实现人的全面发展的重要途径，必须以学生为本，关注学生的全面发展、和谐发展、持续发展、终身发展和健康成长。坚持德育为先、智育为重、体育为基、美育为要、劳动为本。全面实施素质教育，坚持文化知识学习与思想品德修养的统一、理论学习与社会实践的统一、全面发展与个性发展的统一，促进德育、智育、体育、美育、劳动教育有机融合，着力培养学生的社会责任感、创新精神和实践能力，提高学生综合素质，使之成为德智体美劳全面发展的社会主义建设者和接班人。

基于此，学校习性教育通过"六习"课程体系的构建，以国家课程为基础课程，创建拓展课程，开设个性课程，形成完整的习性教育课程体系，旨在培养学生成为"健康、文明、智慧、高雅"的人，具体目标见表2-1-1。

表2-1-1　中山小学培养目标

模块	指标构成	核心素养
健康	1. 树立珍爱生命的意识 2. 养成经常锻炼的习性 3. 养成自我管理的习性 4. 保持自信、乐观、开朗 5. 树立实践创新的意识 6. 养成热爱劳动的习性	健康生活（珍爱生命、健全人格、自我管理） 实践创新（劳动意识、问题解决、技术应用）
文明	1. 养成言行文明的习性 2. 养成待人有礼貌的习性 3. 养成遵守纪律的习性 4. 养成热爱公益的习性 5. 养成诚信友善的习性 6. 养成感恩的习性 7. 养成团结互助的习性 8. 养成敢于承认错误的习性 9. 养成热爱自然的习性 10. 养成绿色出行、低碳生活的习性 11. 树立爱国爱家的意识 12. 树立自觉传播优秀文化的意识 13. 保持尊重多样文化的心态 14. 养成关注国际事务的习性	责任担当（社会责任、国家认同、国际理解）
智慧	1. 养成保持好奇心的习性 2. 养成经常思考的习性 3. 养成良好学习的习性 4. 养成自主学习的习性 5. 养成改进学习方法的习性 6. 养成以事实和证据说话的习性 7. 养成注重逻辑说理的习性 8. 养成提问的习性 9. 养成独立思考的习性	学会学习（乐学善学、勤于反思、信息意识） 科学精神（理性思维、批判质疑、勇于探究）

（续表）

模块	指标构成	核心素养
	10. 养成多角度看问题的习性 11. 养成大胆假设的习性 12. 养成经常探究的习性 13. 养成运用信息技术开展学习和调查的习性	
高雅	1. 养成尊重他人的习性和品格 2. 养成关心他人的习性和品格 3. 养成情趣高雅的品格 4. 养成热爱学习的品格 5. 养成热爱生活的品格 6. 养成热爱艺术的品性	人文底蕴（人文积淀、人文情怀、审美情趣）

第二节 | 总体目标：良好习性、健全人格

落实立德树人根本任务，立足学校实际，基于育人目标，抓住学校现代办学发展理念核心与校训精神内核，把握办学改革方向与突出学校特色，综合考量学校的发展历史、办学水平、校园文化、课程哲学等，确定学校课程目标。我校以习性教育作为办学理念的核心概念，聚焦于人的长远发展，培养具有良好习性的人，根据"天性求真、人性向善、德性尚美"的育人理念、"习惯引领发展，性格影响未来"的办学理念以及"健康、文明、智慧、高雅"的育人目标，将学校总体目标确立为：良好习性、健全人格。

为落实国家立德树人教育根本任务，我校基于课程目标，构建基础课程、拓展课程和个性课程的习性教育"六习"课程体系。其中，"六习"是汲取了中华优秀传统文化因子，在"六艺"（礼、乐、射、御、书、数）的基础上创造性提出来的，包含了习志、习体、习礼、习文、习艺、习慧6个模块，每个模块有3个要素，共18个要素。习性教育通过"六习"课程因材施教，培养"健康、文明、智慧、高雅"的人，以"良好习性、健全人格"为总体目标，见表2-2-1。

表2-2-1 中山小学课程目标

课程目标	课程	亚类	具体目标
崇高的志向	习志	立志	远大志向、志趣高雅、善做规划
		砺志	坚定志向、克服困难、磨砺意志
		守志	不忘初心、坚守志向
良好的身心	习体	体健	身心健康、和谐发展
		体勤	坚持整理、身体力行、自立自强
		体美	体态优雅、举止高雅、乐于奉献

(续表)

课程目标	课程	亚类	具体目标
文明的行为	习礼	礼制	遵守规矩、克己复礼
		礼仪	言行得体、彬彬有礼
		礼度	谦逊有礼、友善真诚
儒雅的文化	习文	习言	乐于表达、能说会道
		习字	端正书写、擅长书法
		习作	腹有诗书、下笔有神
高雅的审美	习艺	技艺	技法精湛、各有所长
		审美	学会欣赏、享受审美
		想象	善于想象、敢于创作
智慧的思维	习慧	静思	静心思考、自主探究
		质疑	敢于质疑、合作探究
		创新	打破常规、创新发展

第三节 | 课程目标：依循规律，有的放矢

以生为本，基于学生特点情况及相应学科整体发展，关注不同阶段学生个体的认知规律和身心发展规律，对育人目标和课程目标进行相对合理细化的学科年段分解。根据学生年段特点将培养目标和课程目标进行细化和分解，课程目标随着学生成长螺旋上升，指引课程实施、内容和评价根据年段特点不断升级，指引"六习"课程成为真正着眼于学生发展的、有生命力的课程。

一 习志课程年段目标

为培养学生树立崇高的志向，我们构建中山小学习志课程，帮助学生立志（远大志向、志趣高雅、善做规划）、砺志（坚定志向、克服困难、磨砺意志）、守志（不忘初心、坚守志向）。而这三个具体指标在三个年段中分别呈现为不同维度、不同层次的年段目标。例如，对于立志，一、二年级先围绕生活、学习等方面设立周目标，并努力实现；三、四年级向身边优秀的同学、榜样学习；而五、六年级则是树立人生榜样，向名人伟人学习。习志课程具体年段目标见表2-3-1。

表2-3-1 中山小学习志课程年段目标

课程目标	具体指标	年段	年段目标
崇高的志向	立志	一、二年级	1. 听立志故事，树立精神榜样。 2. 围绕生活、学习等方面设立周目标，并努力实现。
		三、四年级	1. 能给自己定下阶段性目标，并付诸行动。 2. 向身边优秀的同学、榜样学习。

(续表)

课程目标	具体指标	年段	年段目标
		五、六年级	1. 理想远大,积极进取,树立人生目标。 2. 树立人生榜样,向名人伟人学习。
	砺志	一、二年级	1. 努力实现自己设立的小目标。 2. 遇到困难不害怕,可以请求帮助。
		三、四年级	1. 为自己的阶段目标付诸行动。 2. 遇到挫折不灰心,努力克服,不退缩。
		五、六年级	1. 积极参与研学、游学、社会实践。 2. 遇到困难,能想出好办法解决问题。
	守志	一、二年级	1. 学会从生活、学习等不同方面树立目标。 2. 在父母老师的帮助下,坚持目标。
		三、四年级	1. 能围绕阶段目标,设置实施计划。 2. 制定的计划能坚持完成。
		五、六年级	1. 总结自己在实现目标的过程中遇到的问题,调整实践计划。 2. 决定了的事能坚持不懈地做。

二 习体课程年段目标

为培养学生良好的身心素质,我们构建中山小学习体课程,帮助学生塑造体健(身心健康、和谐发展)、体勤(坚持整理、身体力行、自立自强)、体美(体态优雅、举止高雅、乐于奉献)。而这三个具体指标在三个年段中分别呈现为不同维度、不同层次的年段目标。例如,对于体勤,一、二年级积极参加劳动,勤做家务;三、四年级为父母、师长做力所能及的事情;而五、六年级积极参与社区服务、志愿服务。习体课程具体年段目标见表2-3-2。

表2-3-2 中山小学习体课程年段目标

课程目标	具体指标	年段	年段目标
良好的身心	体健	一、二年级	1. 认真上好体育课，体质测试合格。 2. 热爱生活，阳光自信，积极乐观。 3. 每天运动一小时，有一项喜欢的运动项目，兼顾其他运动项目。
	体健	三、四年级	1. 认真上好体育课，体质测试合格。 2. 热爱生活，阳光自信，积极乐观。 3. 每天运动一小时，掌握两三项运动的技巧，兼顾其他运动项目。
	体健	五、六年级	1. 认真上好体育课，体质测试合格。 2. 热爱生活，阳光自信，积极乐观。 3. 每天运动一小时，掌握两三项运动的技巧，有一项擅长的运动项目。
	体勤	一、二年级	1. 饭前便后洗手，勤剪指甲。 2. 学会穿衣叠被、整理书包。 3. 积极参加劳动，勤做家务。
	体勤	三、四年级	1. 饭前便后洗手，勤剪指甲。 2. 勤做家务，学会整理房间、教室。 3. 为父母、师长做力所能及的事情。
	体勤	五、六年级	1. 饭前便后洗手，勤剪指甲。 2. 勤做家务，学会整理房间、教室。 3. 积极参与社区服务、志愿服务。
	体美	一、二年级	1. 体格俊美，不近视、不过于瘦弱或肥胖。 2. 穿戴得体，仪表整洁，坐立行姿势正确。 3. 看到垃圾捡起来。
	体美	三、四年级	1. 体格俊美，不近视、不过于瘦弱或肥胖。 2. 穿戴得体，仪表整洁，坐立行挺拔端庄。 3. 学习劳动课程，并乐于实践。
	体美	五、六年级	1. 体格俊美，不近视、不过于瘦弱或肥胖。 2. 穿戴得体，仪表整洁，神采奕奕。 3. 学雷锋，做好事，帮助他人。

三 习礼课程年段目标

为培养学生文明的行为,我们构建中山小学习礼课程,培养学生的礼制(遵守规矩、克己复礼)、礼仪(言行得体、彬彬有礼)、礼度(谦逊有礼、友善真诚)。而这三个具体指标在三个年段中分别呈现为不同维度、不同层次的年段目标。例如,对于礼制,一、二年级学习文明礼仪要求;三、四年级学习礼仪故事,明白礼仪对人的影响;而五、六年级明白礼制对社会发展、个人成长的意义。习礼课程具体年段目标见表2-3-3。

表2-3-3 中山小学习礼课程年段目标

课程目标	具体指标	年段	年段目标
文明的行为	礼制	一、二年级	1. 遵守学生守则,做文明礼貌学生。 2. 学习文明礼仪要求。
		三、四年级	1. 根据学生行为规范,改掉不良言行。 2. 学习礼仪故事,明白礼仪对人的影响。
		五、六年级	1. 了解中华礼节,继承优良传统。 2. 明白礼制对社会发展、个人成长的意义。
	礼仪	一、二年级	1. 见到师长、客人主动问好。 2. 进校、放学、体育课、集会排队秩序井然。
		三、四年级	1. 和人交往有礼貌,懂得问好、握手、敬礼等文明行为。 2. 集会快、静、齐,升旗时肃立高唱国歌。
		五、六年级	1. 集会安静有序,展现良好风貌。 2. 了解校园文化,可以为客人介绍校园。
	礼度	一、二年级	1. 认识、了解自身的各种情绪。 2. 认真倾听,真诚有礼。
		三、四年级	1. 适当控制情绪,不乱发脾气,待人随和。 2. 懂得礼让他人,宽容大度,帮助他人。
		五、六年级	1. 掌握调控情绪的方法,保持良好心态。 2. 彬彬有礼,谦逊有节。

四 习文课程年段目标

为培养学生儒雅的文化,我们构建中山小学习文课程,培养学生习言(乐于表达、能说会道)、习字(端正书写、擅长书法)、习作(腹有诗书、下笔有神)。而这三个具体指标在三个年段中分别呈现为不同维度、不同层次的年段目标。例如,对于习言,一、二年级能当众生动流利地讲故事;三、四年级能当众发表一段演讲;而五、六年级能根据观点具体阐述理由,具有说服力。习文课程具体年段目标见表2-3-4。

表2-3-4 中山小学习文课程年段目标

课程目标	具体指标	年段	年段目标
儒雅的文化	习言	一、二年级	1. 能大胆流利地进行表达,声音清楚响亮。 2. 能流利背诵一两本国学经典启蒙。 3. 能当众生动流利地讲故事。
		三、四年级	1. 能正确表达自己的观点与见解。 2. 能流利背诵一两册国学经典,理解书中的道理。 3. 能当众发表一段演讲。
		五、六年级	1. 与他人交流顺畅,做到文明有礼。 2. 能流利背诵一两册国学经典,能够将书中的道理运用到实际生活中。 3. 能根据观点具体阐述理由,具有说服力。
	习字	一、二年级	1. 坐姿笔姿正确,能写好规范字。 2. 能借助各种识字方法,自主识字。 3. 能按正确笔画写字,字迹工整。
		三、四年级	1. 坐姿笔姿正确,能写好规范字。 2. 能够勤查字典,主动识字并了解字义。 3. 能把汉字写得工整美观。
		五、六年级	1. 热爱中国汉字,了解汉字的起源。 2. 学会赏字,所写汉字具有书法味道。
	习作	一、二年级	1. 每天阅读不少于15分钟。 2. 对写话有兴趣,能看图写话或创作绘本故事。 本学期读了( )本书。

(续表)

课程目标	具体指标	年段	年段目标
		三、四年级	1. 每天阅读不少于20分钟,能做阅读批注并积累好句。 2. 善于观察与积累素材,能写语句通顺、感情真挚的文章。 本学期读了(　　)本书。
		五、六年级	1. 每天阅读不少于30分钟,能有所思考和感悟并做记录。 2. 勤于写作,积极创作,文章立意高、选材新、语言妙。 本学期读了(　　)本书。

五　习艺课程年段目标

为培养学生高雅的审美,我们构建中山小学习艺课程,培养学生的技艺(技法精湛、各有所长)、审美(学会欣赏、享受审美)、想象(善于想象、敢于创作)。而这三个具体指标在三个年段中分别呈现为不同维度、不同层次的年段目标。例如,对于技艺,一、二年级积极参加艺术活动,学会一门技艺;三、四年级学会一两门技艺,并能够大胆展示;而五、六年级学会两三门技艺,并有一项特别擅长。习艺课程具体年段目标见表2-3-5。

表2-3-5　中山小学习艺课程年段目标

课程目标	具体指标	年段	年段目标
高雅的审美	技艺	一、二年级	1. 认真上好艺术课,学业达到课程标准。 2. 积极参加艺术活动,学会一门技艺。
		三、四年级	1. 认真上好艺术课,学业达到课程标准。 2. 学会一两门技艺,并能够大胆展示。
		五、六年级	1. 认真上好艺术课,学业达到课程标准。 2. 学会两三门技艺,并有一项特别擅长。

(续表)

课程目标	具体指标	年段	年段目标
	审美	一、二年级	1. 定期到美术馆看画展。 2. 在观展中做文明观众。
		三、四年级	1. 定期听音乐会、看画展。 2. 在观展中做文明观众,对作品有感受。
		五、六年级	1. 定期听音乐会、看画展等,陶冶情操。 2. 在观展中做文明观众,能做出适当评价。
	想象	一、二年级	1. 保持一颗好奇心,能对事物进行想象。 2. 生活中经常有些不一样的小妙招。
		三、四年级	1. 保持一颗好奇心,能有目的地进行想象。 2. 打破常规,有自己的奇思妙想。
		五、六年级	1. 保持一颗好奇心,能合理联想与想象。 2. 有自己的奇思妙想,大胆试验探索。

六 习慧课程年段目标

为培养学生智慧的思维,我们构建中山小学习慧课程,培养学生静思(静心思考、自主探究)、质疑(敢于质疑、合作探究)、创新(打破常规、创新发展)。而这三个具体指标在三个年段中分别呈现为不同维度、不同层次的年段目标。例如,对于创新,一、二年级积极参与科学小实验,大胆实践;三、四年级喜欢动手探究,积极参与探究性活动;而五、六年级积极参加科创活动,探索未知世界。习慧课程具体年段目标见表2-3-6。

表2-3-6 中山小学习慧课程年段目标

课程目标	具体指标	年段	年段目标
智慧的思维	静思	一、二年级	1. 不大声说话,保持安静的学习环境。 2. 善于观察,独立思考。
		三、四年级	1. 不大声说话,保持安静的学习环境。 2. 保持独立的思考,有自己独到的见解。

(续表)

课程目标	具体指标	年段	年段目标
		五、六年级	1. 有一颗宁静的心，能安静、自主学习。 2. 能独立思考，会自主解决问题。
	质疑	一、二年级	1. 保持一颗好奇心，爱提问题。 2. 积极参与合作学习，发表自己的看法。
		三、四年级	1. 能从不同角度提出问题并尝试解决。 2. 积极参与合作学习，懂得合作方法。
		五、六年级	1. 能提出有价值的问题，并自主探究。 2. 遇到问题可以求助同伴，合作解决。
	创新	一、二年级	1. 有自己独到的看法，敢于提出新见解。 2. 积极参与科学小实验，大胆实践。
		三、四年级	1. 能从不同角度思考问题。 2. 喜欢动手探究，积极参与探究性活动。
		五、六年级	1. 遇到问题能想出不同的方法解决。 2. 积极参加科创活动，探索未知世界。

  中山小学的习性教育"六习"课程体系，以"立德树人，全面发展"为指导思想，坚定"培养德智体美劳全面发展的社会主义建设者和接班人"这一社会主义教育目标，涵养学生人文底蕴、科学精神、学会学习、健康生活、责任担当、实践创新等核心素养，把培养孩子成为"健康、文明、智慧、高雅"的人作为教育价值追求，让学生养成良好习性，完善自身性格，形成健全人格。

（深圳市坪山区中山小学　廖泽娜）

第三章
为儿童设计可感的学习经历

我校采用"环境创设·具身学习·习与性成"的习性教育新方案,致力于为儿童设计可感的学习经历。通过"六习"课程,给孩子提供更多的参与感和体验感,调动孩子多元智能发展,让每一种感官都成为孩子学习的触角,唤醒他们的思维。我们坚信,通过这样的可感学习经历,高效学习不再是遥不可及的梦想,而是触手可及的现实。

第一节 ｜ 课程结构：超越习惯本身

习惯强调的是后天的培养，即在一定的环境中长时间对个体某一动作或者行为进行强化，是人们在日常生活中形成的行为模式，是可以被改变或培养的。习惯一旦形成，会成为一种自动化的行为。养成积极的习惯可以促进人的身心健康发展，推动人的全面发展。

习性包括习惯、性格。习性的"习"分为三个层次：顺应、培养、彰显。"性"又可以分为天性、人性、德性三类。习性包括了先天（即自然环境，包含遗传等）和后天（社会环境）两个方面。"少成若天性，习惯成自然"，习性教育坚持在小学阶段培养学生的良好习性，将培养习性渗透进学校教育、学科教学及学生活动的各个环节中，遵循循序渐进、由表及里、步步深入的教育规律，与家庭教育、社会教育相结合，真正培养学生形成良好习性，不断完善性格，塑造健全人格，奠定人生发展的坚实基础。

课程结构是课程目标转化为教育成果的纽带，是课程实施活动开展的依据。为系统优化学校的课程结构，使立德树人根本任务落地于教育实践，中山小学基于"知行合一，习与性成"的教育哲学及"习惯引领发展，性格影响未来"的办学理念，构建习性教育"六习"课程体系。

一 课程结构的内涵

课程结构是指课程各个部分的组织与配合，它规定了组成课程体系的学科种类以及不同学科内容的比例关系等，体现了一定的课程理念和课程设置的价值取向。

学校课程结构就是立足于学校的办学理念和育人目标，基于一定的知识体系，并以一定的课程类型为支撑所构成的学校课程体系框架。其中，组成课程的各个部分及其关系,是学校课程结构的两个基本要点。可以说,学校课程结构是学校课程设计的重要组成部分,是对学校课程的思考与规划。①

二 课程构建的原则

《荀子》云:"积行成习,积习成性,积性成命。"习性教育秉持人性整全发展的教育立场,强调课程的整体性建构。学校秉承"习惯引领发展,性格影响未来"的办学理念,致力于培养"健康、文明、智慧、高雅"的人,在课程建构中,遵循两条基本原则:一是顺应天性,习以冶性;二是全面发展,适性扬长。

(一) 顺应天性,习以冶性

学校努力发扬中国古代哲学中育人的思想精华,一直以来高度重视良好习性品行的培养,提出"无善无恶人之性,有善有恶主因习。环境育人要重视,立德树人依六习"。因此,我们围绕"六习"设立了整理节、读书节、艺术节、科技节、研学季、启志坛等系列主题活动,让学生浸泡在丰富多彩、积极向上的校园活动之中;倡导开展知识学习之外的校内外实践,以此来正心养德、陶冶品性。

(二) 全面发展,适性扬长

培养目标是学校课程整体设计的基本原则。人之习性,既有共性也有个性,习性教育追求全面而有个性的生命发展。我们认为,世界上没有两片完全相同的树叶,每个来到世间的生命都自有其天然的独特性。如何在确保共性的同时,又能给予适合个性充分发展的土壤和养分,促进每个学生成为最好的自己,这是课程整合建构的初衷与追求。培育"健康、文明、智慧、高雅"的中山学子,单靠国家课程是不够的。学校在注重国家基础性课程的基础上,充分整合校内校外资源,围绕学生个性发展需要和兴趣特长,开发出68门供学生自主选修的个性课程和合作课程。学生在各美其美、美美与共之中,尽情释放天性禀赋,收获成功与自信。

---

① 黎明.基于核心素养的学校课程结构设计[J].湖北教育(政务宣传),2020(02):26—28.

三 课程体系的构建

为系统优化学校的课程结构,使立德树人根本任务落地于教育实践,中山小学结合国家立德树人根本任务和学校"健康、文明、智慧、高雅"育人目标,基于"习惯引领发展,性格影响未来"办学理念,遵循课程体系构建原则"顺应天性,习以冶性;全面发展,适性扬长",在国家课程、地方课程与校本课程整合的基础之上,精心设计了"三类-六维"习性教育课程结构体系,见图3-1-1。

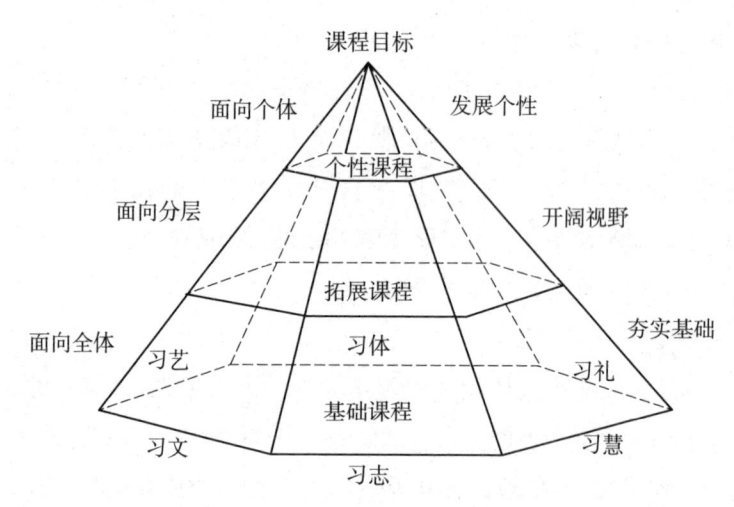

图3-1-1 中山小学课程结构模型

(一) 三类

结合国家根本任务和学校培养目标,遵循课程体系构建原则,我们开设了基础课程、拓展课程、个性课程三大类课程,分别面向全体、面向分层、面向个体。

1. 基础课程

基础课程,即国家课程,如道德与法治、语文、数学、英语、科学、体育与健康、音乐、美术、信息技术、综合实践活动、心理健康教育、劳动教育、安全教育,在学校课程体系中占70%。我校开齐开足基础课程,全员参与,努力夯实学生核心素养的文化基础;

通过全学科、全方位的习性教育渗透,养成学生的良好习性。

国家课程属于一级课程,它是由国家规定的课程,体现了国家的教育方针。国家课程根据不同学段的性质以及培养目标来制定各个领域及学科的课程标准和教学大纲,编写教科书,确定课程门类和课时,把握中小学课程实施的大方向。国家课程是国家基础教育课程方案的主体部分,也是决定国家基础教育质量的重要因素,所以国家课程必须开足、开全。

2. 拓展课程

拓展课程,即根据学校实际和学生整体状况而开发的全员参与的课程,在学校课程体系中占20%。根据学校实际和学生整体状况,我校开发了全员参与的拓展课程,包括节庆活动、社会实践、假日研学、习性教育四大类拓展课程,让孩子们在游历交往中增长见识,在磨炼担当中增强胆识,通过营造良好的学校环境和家庭教育环境对学生进行熏陶,努力培养学生在社会参与中的良好习性。为保障课程质量,拓展课程要求做到"四个有":有教材教案,有专用时间,有专人任教,有总结评比。

3. 个性课程

个性课程,即满足不同学生的个性需求、适合每个学生兴趣和特长、可自由选择的课程,在学校课程体系中占10%。为满足不同学生的个性化成长需求,学校开发和实施了适合每个学生兴趣和特长、可自由选择的个性课程,让孩子们的个性和特长得到充分发挥,培养学生的健康意识、人文情怀、创新意识和审美情趣,由校内教师和引进校外名师担任指导老师。目前,学校已开发了68门个性课程,实行全校走班选课,充分实现学生的个性化发展与特长培养。

(二) 六维

学校依据中华优秀传统文化,整理儒家关于教育的20项人生追求,即"三纲领"(明明德、亲民、止于至善)、"八条目"(修身、齐家、治国、平天下、格物、致知、诚意、正心)、"三日常"(洒扫、应对、进退)、"六艺"(礼、乐、射、御、书、数),从习志、习体、习礼、习文、习艺、习慧6个维度创造性重构出习性教育"六习"课程体系,每个维度之下又细化为3个要素指标,共18个亚类课程,涵盖了学生的核心素养,对应指向人的心志与动能、体育与健康、品德与修养、人文与艺术、数学与科技,形成积累习性的有效路径,让"积习"策略在课程的创造性实施过程中真正落地。

学校通过国家课程校本化实施、校本课程特色化开发,为学生提供开放多元、自主选择的立体化课程体系,在落实学生全面发展的同时,真正促进不同禀赋学生的个性化发展。

第二节 | 课程设置：习性是生命的存在形态

小学课程设置的意义在于为学生提供全面的教育，培养他们的基本素质和综合能力。小学课程设置是按照既定的培养目标，在一定的教育价值观和课程价值观指导下，根据学生、社会和学科的需要，为落实培养目标而有计划地进行课程开发、选择、组织和编排的系统化过程。

习惯引领发展，性格影响未来。习性教育认为，行为养成习惯，习惯形成性格，性格影响命运。正所谓"积行成习，积习成性，积性成命"，认真的学习和反复的训练可以使人养成良好的习惯和性格。

在"以生为本"的课程观的指导下，学校的课程设置采取"为学生学习服务"的方式进行顶层设计。学校通过自主开发、引进师资和社会资源、专家指导开发等形式，开设了38门拓展课程和68门个性课程，从课程类型来看，学科课程占比80%，活动课程占比20%。

一 基本原则

（一）均衡设置，科学开发

按照国家根本任务，结合学校课程理念，为整合学生的社会生活和经验，确保学生能够全面了解和掌握各种知识，学校提供多样化的课程，并保证每一大类课程数量相当，均衡设置课程。

基础课程方面，以国家课程为指引，开齐开足。拓展课程方面，在基础课程的基础上，为学生提供更具深度、广度和综合性的课程，涵盖科技、艺术、体育等多个领域，拓展学生知识面、培养其综合能力、提升其综合素质，为学生提供更广泛的学习机会，促进其全面发展。同时，根据不同年段学生年龄特点和学习需要，科学开发个性课程，个性课程的设置根据学生的个性化需求和特点进行合理规划，同时注重课程的实际效果和可操作性。学校可以与社会机构、专业人士合作，为学生提供更专业、更高质量的个性课程服务；个性课程的开展，可以帮助学生更好地发掘自己的潜力和兴趣，促进其个性化发展。

（二）落实基础，按需开发

在保证全面优质落实基础课程方案的前提下，适当统筹基础课程，基于学校与学生的需要开发拓展课程和个性课程。比如，在语文课基础上开发实施天地格写字、经典留声等课程，在数学课基础上开发实施全息数学等课程，在英语课基础上开发实施Drama Club等课程，在体育课基础上开发实施足球小将等课程，在音乐课基础上开发实施梨园春苗等课程，在美术课基础上开发实施木光之城等课程。

（三）必修为主，选修为辅

我校以基础课程和拓展课程作为学生的必修课程，统一列入每个班级的课程中，必要时统一安排全校在同一时间开展拓展课程。

另外，为了满足不同学生的个性需求，学校提供适合每个学生的选修课程，课程种类丰富，选择多样，包括灌篮高手、旋影国球、兰馨吟诵、3D创意画坊、创客联盟、木光之城、梨园春苗、墨韵飘香等68门课程，学生根据兴趣爱好自由选择课程。学校将每周四下午的延时服务时间进行统筹，全校走班上选修课。

二 课程设置

习性课程以"知行合一"的课程哲学为指引，以"六习"为课程的核心领域，统整国家、校本课程，设置习性课程的方向和内容，形成积累习性的有效路径，让"积习"策略在课程的创造性实施过程中真正落地。

按照习性养成的6个领域，即习志、习体、习礼、习文、习艺、习慧，我们设置了18个亚类领域、120门具体的分类科目。这一内容体系涵括了国家基础课程，也包括了学校开发的特色化校本课程。顺应习性课程顶层设计的引领，我们完成了课程理念与模式的创生，在课程实施与实践中形成了独特的习性教育课程体系。整体思路见图3-2-1。

以习性教育为理念指导，知行合一为实施策略，"六习"为具体指标，学校将习性教

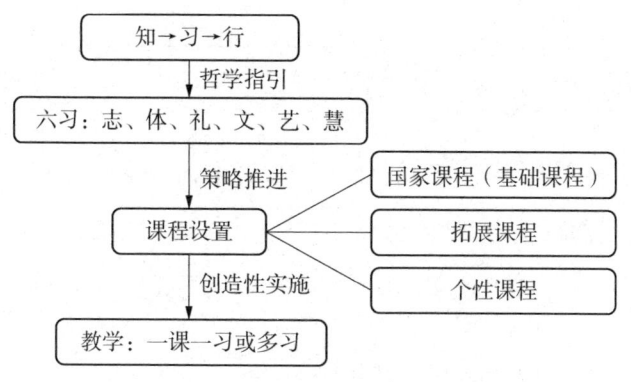

```
         ┌─────────┐
         │ 知→习→行 │
         └────┬────┘
            哲学指引
         ┌────┴────────────┐
         │ 六习:志、体、礼、文、艺、慧 │
         └────┬────────────┘
            策略推进      ┌──────────────┐
         ┌────┴────┐────→│ 国家课程(基础课程) │
         │ 课程设置 │────→│   拓展课程    │
         └────┬────┘────→│   个性课程    │
           创造性实施      └──────────────┘
         ┌────┴──────────┐
         │ 教学:一课一习或多习 │
         └───────────────┘
```

图 3-2-1 中山小学课程设置与实施架构

育的关键要素融入基础课程、拓展课程、个性课程之中,以有效的课程实施保障育人目标的具体落实,见表 3-2-1。

表 3-2-1 中山小学"六习"课程的分类科目设置

维度	要素	基础课程	拓展课程	个性课程
习志	立志	所有学科	生涯教育:时间规划、生涯规划	赤子之心、鼓号队
	砺志		实践课程:红色基地研学	逆商智慧、抗压高手
	守志		笃志课程	守志笃行、名人荟萃
习体	体健	体育、安全、心理、劳动	健体课程:体育节、足球、跳绳	旋影国球、尚德武道、足球小将、追风少年、灌篮高手、长空武社、羽你同行、心有灵犀
	体勤		整理课程:家务劳动、社区服务	整理达人、小小烹饪师、开心农场、巧手编织
	体美		形体课程:韵律操、啦啦操	艺术体操小天使、轻舞飞扬、徒手操、瑜乐伽油站
习礼	礼制	道德与法治、综合实践	养成课程:养成教育、班队会	中华文明、小小外交官
	礼仪		仪式课程:入学、入队、升旗、开学、散学、毕业	传统礼仪、雅韵盈耳
	礼度		规范课程:情绪管理	交往礼度、明德惟馨

(续表)

维度	要素	基础课程	拓展课程	个性课程
习文	习言	语文、英语	诵读课程:经典诵读、读书节	故事天地、绘声绘英、兰馨吟诵、趣绘悦读、唇枪舌剑、Drama Club
	习字		书法课程:天地格、活动周	硬笔书法、创意绘英、墨缘堂等
	习作		读写课程:阅读工程、绘画日记、绘本创作、诗文荟萃	七彩绘本、儿童诗创作、记者站、天一书院、红楼诗社、书海拾贝
习艺	技艺	音乐、美术	乐器课程:口风琴、口琴、管乐、民乐	巧手奇迹、巧手折纸、剪影时光、木光之城、开心陶吧、聚舞空间
	审美		美育课程:艺术节、艺术通识	梨园春苗、缤纷画社、燕语莺声、墨韵飘香、美时美刻等
	想象		创作课程:科幻画	奇思妙想、奇泥妙想、奇思童创等
习慧	静思	数学、科学、信息技术	静思课程:数学周	思维导图、全息数学
	质疑		探究课程:社会实践、知行天下	数迷园、小课题研究、实践探索、项目式学习
	创新		创客课程:科技节	创客联盟、3D创意画坊、冲上云霄、机器人、人工智能、少年科学院

（一）习志课程

习志包含立志、砺志、守志。"立志"指的是指导学生树立远大志向。对于小学生来说，一个一个的小目标就是志向，例如指导学生每个学期在学习上实现什么样的进步，指导学生一个学期阅读完哪些书本，指导学生每天锻炼多长时间，等等。"砺志"指的是指导学生定下志向之后，有勇气为了志向克服种种困难，磨砺志向，不忘初心，砥砺前行。"守志"指的是在克服困难过程中，不管外部条件如何，都要坚持自己的志向，有一种坚持到底的信念。

习志课程以培养学生树立远大志向、克服困难和坚守志向的品质为价值目标，作为"六习"课程中根本性的底色课程，贯穿于基础课程的所有学科当中。例如语文学科给予学生中华优秀传统文化的熏陶，引导学生从小立下热爱祖国和中华文明、献身人类文明事业的志向，并且引导学生在名人伟人励志故事的习染下培养不畏困难、坚定信念等品质。《狼牙山五壮士》一课引导学生从"立志、砺志、守志"三个层面理解课文：在山下接受任务，掩护部队和其他群众转移，就是立志；在山中不断地跟敌人斗争，克服各种困难，就是磨砺自己的志向，叫砺志；最后气壮山河纵身一跳，保住我们中华民族的英雄气节，这就是守志。课堂通过课文中英雄人物的光辉引导学生结合自己的学习生活实际立志、砺志并守志。除了语文学科，在其他所有的基础学科教学中，都是如此渗透并落实习志课程的。

拓展课程的实施以生涯教育（时间规划、生涯规划）、实践课程（研学、游学）、笃志课程为主，引导学生立下志向、规划时间（人生）、磨砺意志并持之以恒。

在个性课程中，主要开设名人荟萃、赤子之心、逆商智慧、守志笃行等课程，培养有志向、能抗压、会坚守的学生。如赤子之心课程，学校国旗班学生每天下午4点半进行列队、正步等训练，将学习到的爱国主义和严格自律的精神和作风有效地运用到个人行为当中；每周一举行升旗仪式，带动全校学生形成健康向上的精神风貌，由此培养学生有志向、爱祖国、能吃苦的优秀品质。

同时，习志课程又与其他"五习"课程密不可分，相互渗透。如习体课程在培养学生运动、自立、整理、服务等同时，培养其能坚持、善规划、懂奉献等品质。习礼课程在教授学生学习各类规矩礼仪的过程中，培养其不卑不亢、坚持己见等品质。习文课程使学生在学习祖国优秀文化的过程中，涵养胸怀天下、志向远大等品性。习艺课程在训练学生技艺技能的同时，培养其"台上一分钟，台下十年功"的磨砺和坚守精神。习慧课程在引导学生通过质疑和探究解决问题、创新发展的过程中，培养其遇到困难不放弃、坚持探索的精神。习志课程纲要以赤子之心课程为例，见表3-2-2。

表3-2-2 赤子之心课程纲要

课程名称	赤子之心		
适用年级	三至六年级	总课时	15
课程介绍	本课程即国旗班课程，秉承中山小学"习性教育"的理念，培养严谨作风和校园朝气，形成"严格守时、守纪、团结、正直、刚毅"的行为准则。"爱国、爱旗、敬业、奉献"是他们的宗旨，"苦中有乐，苦有所为，为荣誉而战"是他们的口号。他们把军人般的严谨作风、铁一般的纪律和小学生的蓬勃向上、积极进取融为一体，塑造适应时代发展的新型人才——爱祖国、能吃苦、善做事、会做人、自立、自强、自律。		

(续表)

课程目标	1. 培养学生蓬勃向上的精神风貌,增强学生的爱国意识。 2. 为学校升旗仪式培养国旗仪仗队,加强校园文化建设。		
课程内容	课程主题	课程内容	教学目标
	爱国主义教育	第1课 爱国主义教育	培养学生高尚爱国主义精神。
		第2课 少先队员先锋教育	培养学生蓬勃向上的精神风貌。
		第3课 军姿训练以及国旗班介绍	培养军人般的严谨作风。
	习性素质教育	第4课 基本队列训练	了解初步站位,队列齐整。
		第5课 口号训练	掌握队列行进口号。
		第6课 军姿训练	培养良好精神面貌。
	军姿训练	第7课 正步走训练	学习升旗基本步伐。
		第8课 齐步走训练	学习升旗基本步伐。
		第9课 左转弯训练	掌握左转弯训练方法。
	升降国旗	第10课 后转弯训练	掌握后转弯训练方法。
		第11课 升降国旗训练(一)	初步了解升旗仪式。
		第12课 升降国旗训练(二)	深入了解升旗仪式。
	升旗活动	第13课 升旗队列演习	掌握升旗步骤和方法。
		第14课 模拟升降国旗过程	会升旗、降旗。
		第15课 针对性练习	发现升旗过程中的不足,有针对性改进。
课程实施	第一,爱国主义教育。 第二,升降国旗仪式训练。 第三,积极参与学校升旗活动。		
课程评价	能明确各项升旗内容,能准确演练各个流程,能将学习到的爱国主义和严格自律的精神作风有效地运用到日常学习生活当中,并能由己及人,带动全校师生形成健康向上的精神风貌。		

(二) 习体课程

习体课程以培养学生的身心健康、自立自强、外美内秀为价值目标,包含体健、体勤和体美,以体育课、安全课、心理课为基础课程,以健体课程(体育节、足球、跳绳)、整理课程(家务劳动、社区服务)、形体课程(韵律操、啦啦操)为拓展课程,以旋影国球、灌篮高手等为个性课程,培养学生成为健康、独立、奉献的人。

小学体育课程是促进学生身心健康发展的重要环节。在基础课程的实施中,以篮球教学为例,篮球作为一项备受欢迎的体育项目,对于提高学生的身体素质、培养团队合作精神和磨炼学生意志有重要意义,在体育基础课程中占据着重要地位。如篮球基本动作要领课程:教授学生篮球基本动作要领,包括正确的运球、传球和投篮姿势等;相关规则讲解,向学生介绍篮球比赛的基本规则,帮助他们更好地理解比赛流程;体能训练,安排适当的跑步、跳跃和力量训练,以提高学生的身体素质;团队合练,组织学生进行分组训练,培养团队合作精神和配合默契。为了激发学生对篮球的兴趣,学校采取游戏教学法,将篮球技能训练与游戏相结合,让学生在轻松愉快的氛围中学习;竞赛激励,组织学生进行小型的篮球比赛或活动,激发学生竞争意识;个性化指导,针对不同学生的特点进行个性化指导,帮助学生更好地掌握篮球技能。通过篮球课的学习与训练,学生培养了品质和毅力,锻炼了思维和应变能力,更学会了如何与他人合作、如何面对挑战。

在拓展课程实施中,我校每年11月举行体育节,包含各班方阵展示、12项田径项目(跑步、接力、跳高等)和13项集体项目(袋鼠跳、两人三足等),不仅能让学生锻炼身体,发展学生特长,还能培养学生合作、自信、勇敢、公平竞争及团队精神等良好品质,促进学生在身体、心理及社会适应能力等方面和谐发展。

此外,通过劳动教育课程,落实习体课程的"体勤"培养目标。全校坚持一个行动:整理。学校将每年9月定为劳动整理节,分年级开展校内外劳动整理活动。如一、二年级系鞋带、穿叠衣服、制作水果拼盘,三、四年级叠被子、洗手帕、包饺子,五、六年级整理行李、整理时间、整理情绪等。同时,学校联动家长进行劳动整理成长记录,开设劳动整理教育,实现"五育"融合。孩子坚持每天完成一项劳动整理任务,家长每天对劳动整理情况进行记录,学校每个月对所有学生的劳动情况进行总结与评价,如五、六年级体勤成长记录单见表3-2-3。

在个性课程的实施中,学校主要开设艺术体操小天使、足球小将、旋影国球和灌篮高手等课程。习体课程对于个人的身心健康、社会交往能力、品德、人生态度等方面都有着重要意义,习体课程纲要见表3-2-4。

表3-2-3 体勤成长记录单（五、六年级）

马恋苍苍 坪山小学 声名日彰 知行合一 六习涵养 良好习性
山凝成胸章 海跃为岗 日月星辰 中华昌盛 我辈担当 助我成长
摘馨成胸章 生生骐骥 人人栋梁

温馨提示：1. 自己产生垃圾，变废为宝；2. 必要生垃圾，变废为宝；3. 学会垃圾分类。

中山小学劳动·整理成长记录卡

年级（五、六） 班级：_____ 姓名：_____ 等级：_____ 起始日期：_____年_____月_____日

周次	类型	星期一	星期二	星期三	星期四	星期五	星期六	星期日	项目内容
第一周	1. 自己的事情自己做	□	□	□	□	□	□	□	一、自己的事情自己做 1. 生活类：保持卧室整洁，换床单被套枕头套，洗鞋洗衣物，整理换季衣服，整理外出必备品，写出行计划，理财…… 2. 学习类：制定学习计划单，购买学习用品，归纳学习用品…… 二、家里的事情主动做 1. 生活类：扫、收、摆、叠，做（清扫家里，餐前摆桌子椅子和碗筷，餐后清理餐桌，饭后收拾碗筷，清洁卫生间，清理厨房，做蛋糕，做饭……）
	2. 家里的事情主动做	□	□	□	□	□	□	□	
	3. 社会的事情量力做	□	□	□	□	□	□	□	
家长签名									
第二周	1. 自己的事情自己做	□	□	□	□	□	□	□	
	2. 家里的事情主动做	□	□	□	□	□	□	□	
	3. 社会的事情量力做	□	□	□	□	□	□	□	
家长签名									

（续表）

周次	类型	项目内容	星期一	星期二	星期三	星期四	星期五	星期六	星期日
第三周	1. 自己的事情自己做 2. 家里的事情主动做 3. 社会的事情量力做	2. 感恩类：尊老爱幼 语言：对长辈道声"谢谢""您辛苦了""我回来了""我出门了"…… 行动：给长辈捶背，给长辈端杯茶，照顾弟弟妹妹…… 三、社会的事情量力做 1. 遵守公共秩序 2. 参加公益活动 3. 乐于帮助他人 4. 维护公共秩序	□□□	□□□	□□□	□□□	□□□	□□□	□□□
家长签名									
第四周	1. 自己的事情自己做 2. 家里的事情主动做 3. 社会的事情量力做		□□□	□□□	□□□	□□□	□□□	□□□	□□□
家长签名									

___年___月至___月我共掌握了___项技能，本月积分为___，校内劳动教师评价___，分别是 A/B 。附加分：___（1—7分）。累计积分___月积分总数___，达到___级别。

我的收获：

家长评价：

说明：1. 每天完成记录表得1积分；2. 同时满足校内劳动评价"A"和当月记录累计21天才能晋级，只满足其中一项不能晋级。

级别称号和积分要求：
翻羽——满21积分（绿卡）
超辉——满63积分（蓝卡）
逾辉——满126积分（紫卡）
腾雾——满189积分（黄卡）
挟翼——满273积分（金卡）

表3-2-4 习体课程纲要
艺术体操小天使课程纲要

课程名称	艺术体操小天使		
适用年级	一至二年级	总课时	15
课程介绍	艺术体操是一项女子运动项目,在比赛中分别设有个人项目和集体项目,在音乐的伴奏下结合多样化的舞步和五个器械项目(绳、圈、球、棒、带)进行编排。中山小学艺术体操队成立于2016年,经过系统性的训练指导,艺术体操队在2016年深圳市"体彩杯"艺术体操青少年锦标赛中获得了少年丙组五人球操、五人徒手、全能冠军。		
课程目标	1. 掌握艺术体操基础知识、基本技术和技能,增强体质的同时提高身体的协调性、柔韧性和灵巧性。 2. 通过基本功训练和套路练习,掌握科学锻炼方法,养成自觉锻炼的习性,塑造健美体形。		

课程内容	课程主题	课程内容	教学目标
	基本入门	第1课 艺术体操入门	学生对艺术体操有初步的认识。
	基本功训练	第2课 手位、华尔兹舞步	初步掌握艺术体操基本手位与舞步。
		第3课 基本功强化训练	熟练掌握艺术体操基本手位与舞步。
		第4课 地面练习、手位等	学习地面组合训练。
	器械训练	第5课 器械训练圈:地面闪光、身前横面绕圈	掌握圈的基本技术动作。
		第6课 器械训练球:双手滚球、八字练习	掌握球的基本技术动作。
		第7课 器械训练绳:跳绳小跳、绕绳练习	掌握绳的基本技术动作。
		第8课 器械训练棒:单手小绕环、小抛练习	掌握棒的基本技术动作。
		第9课 器械训练带与纱巾	掌握带与纱巾的基本技术动作。
	基本功巩固训练	第10课 基本功:搬踢、跳	强化搬踢和跳的基本功。
		第11课 基本功训练:地面练习、舞步波浪练习	强化地面与舞步练习。
		第12课 基本功训练:技巧训练、转体练习	强化技巧和转体基本功。

(续表)

课程主题	课程内容	教学目标
器械巩固训练	第13课　器械训练绳、圈	巩固绳、圈的技术动作。
	第14课　器械训练球、棒	巩固球、棒的技术动作。
	第15课　器械训练带、纱巾	巩固带、纱巾的技术动作。
课程实施	了解艺术体操的基本常识与制度；重视基本功训练，多练多总结；训练当中根据学生实际情况进行小组分工，优秀生带动后进生，促进学生全面发展。	
课程评价	完成组（E）评判完成情况的技术错误，根据失误程度给予扣分：小失误扣0.10分，中等失误扣0.20分，大失误扣0.30分或者更多。 艺术组（A）评判编排的艺术价值，即音乐伴奏和舞蹈设计（器械动作的选择，身体动作的选择，器械动作的使用，身体动作的使用，熟练性和独创性）。 难度组（D）评判编排的技术价值，即器械特有的规定动作或其他难度动作的数量及水平。 其中完成分为10分，加上艺术和难度分各10分相加除以2的结果，再减去扣分，成套动作满分为20分。	

足球小将课程纲要

课程名称	足球小将		
适用年级	三至四年级	总课时	15
课程介绍	足球运动是以脚支配球为主、两支队伍在同一场地内进行攻守的体育运动项目。它是世界上最受人们喜爱、影响最大的体育运动项目，被誉为"世界第一运动"。本课程内容主要包括足球的基础理论知识、基本技术、基本战术及足球竞赛规则和裁判法等，让学生在足球运动中增强体质、培养拼搏精神、感受运动之美。		
课程目标	1. 掌握足球基本技术动作和战术，在比赛中积累实战经验。 2. 感受足球运动的魅力，培养学生勇于拼搏、团结一致的意志品质。		
课程内容	课程主题	课程内容	教学目标
	理论课	第1课　足球基础	了解足球发展动态和发展趋势。
		第2课　足球概述	懂要求知规章，明确学习足球目的。
		第3课　专项理论	掌握专项理论，为技术训练做准备。
	基础课	第4课　熟悉球性	学生熟悉球性，进行基础练习。
		第5课　踢、停球技术	学生掌握脚内侧踢及停球技术。

(续表)

课程主题	课程内容	教学目标
技术课	第6课　触球练习	通过不同部位的触球练习加强学生的球感。
	第7课　脚背正面踢停球技术	学生掌握脚背正面踢停球技术。
	第8课　脚背正面运球	学生掌握脚背正面运球的技术。
	第9课　脚背外侧运球	学生掌握脚背外侧运球的技术。
提高课	第10课　学习脚背内侧踢球技术	初步掌握脚背内侧踢球技术。
	第11课　前额正面头顶球技术	掌握前额正面头顶球技术。
	第12课　定位球射门	掌握定位球射门技术。
	第13课　综合技术复习	介绍全队攻守战术及裁判实习。
	第14课　模拟比赛	以赛代练,掌握足球战术和裁判判罚的规则,用制度约束行为。
	第15课　考核	通过专项技术的考核,使学生了解自身技术的掌握程度,加强学习。
课程实施	培养学生对足球运动的兴趣,掌握足球的基本技术;重点提高耐力和力量素质,提高身体的协调性和奔跑能力;培养勇猛顽强的意志品质和团队精神。	
课程评价	1. 脚内侧踢、停球(10分) 方法:(1)在2米宽、10米长的区域内进行脚内侧踢、停球,左右脚不限。(2)每人踢、停球各5次。 要求:在运行过程中不足规定长度(10米)即为失误。 技术评定标准:踢、停球每成功1次为2分,总分为10分。	

分值	技术评定标准
10	技术正确、动作连贯、准确性高
8—9	技术正确、动作较连贯、准确性较高
6—7	技术较正确、动作较连贯、准确性较高
4—5	技术较正确、动作连贯性和准确性较差
2—3	技术较差、动作连贯性和准确性较差
0—1	技术错误

(续表)

2. 脚背正面射门(10分)
方法:将球置于罚球区线上(距球门 16.5 米),每人踢球射门 5 次。(男女生相同)
要求:技术动作正确,每射中 1 球得 2 分,射门无力作失误论。
评分标准:射门每成功 1 次为 2 分,总分为 10 分。
技术评定标准:同脚内侧踢、停球。

旋影国球课程纲要

课程名称	旋影国球		
适用年级	五至六年级	总课时	15
课程介绍	乒乓球运动是我国广泛开展的一项球类运动,被誉为"国球"。不同年龄、不同性别和不同身体条件的人都可以参加活动。乒乓球运动不仅可以发展学生的灵活性和协调性,提高动作的速度和上下肢活动的能力,而且能促进学生养成快速判断的能力与果敢的意志品质。		
课程目标	1. 学生了解关于乒乓球的知识,掌握基本运动技能和方法,认识乒乓球对于锻炼身体的有效价值,形成终身体育的意识。 2. 学生养成准确快速的判断能力与果敢的意志品质。 3. 学生能够自行组织小型比赛,成为普及推广乒乓球的积极分子。		
课程内容	课程主题	课程内容	教学目标
	控球练习	第1课　颠球练习	能正手(反手)颠球 200 个。
		第2课　对墙练习	能正手(反手)对墙颠球 100 个。
		第3课　两两练习	组队两两练习 50 个。
	正手练习	第4课　挥拍练习	掌握正手挥拍的基本原理。
		第5课　正手分解挥拍练习	掌握正手挥拍的基本技术。
		第6课　正手攻球练习	掌握正手挥拍攻球的基本技术。
	反手练习	第7课　挥拍练习	掌握反手挥拍的基本原理。
		第8课　反手分解挥拍练习	掌握反手挥拍的基本技术。
		第9课　反手攻球练习	掌握反手挥拍攻球的基本技术。
	正反手练习	第10课　脚步转换练习	全体同学掌握脚步转换的基本原理。
		第11课　正手反手分解练习	全体同学掌握正反手挥拍的技术。
		第12课　正反手攻球练习	全体同学多球正反手反复练习。

(续表)

课程主题	课程内容		教学目标
搓球技术	第13课	搓球的技术要点	全体同学掌握搓球技术要点。
	第14课	正手反手搓球运动	全体同学掌握正反手搓球运动。
	第15课	正反手搓球实战	正反手搓球实战,体会搓球的魅力。

课程实施	1. 结合学校实际情况,乒乓球课程由全校学生自由选报。 2. 每周周一至周四下午4:00—5:30,周五下午3:30—4:30上课。 3. 在教学过程中,师生之间、生生之间建立平等和谐的关系。 4. 教学中应以学生为主体,充分调动和激发学生的训练积极性。
课程评价	1. 学生对乒乓球运动的兴趣、了解程度。 2. 学生对乒乓球运动技能的掌握。 3. 学生人际交往状态的改善程度。 4. 学生获得的成就感。 根据以上4点设置优秀、良好、合格、不合格4个等级。

灌篮高手课程纲要

课程名称	灌篮高手		
适用年级	五至六年级	总课时	15
课程介绍	中山小学男子篮球队,旨在通过篮球基础训练、专项训练、以赛代练的方式达成八大目标:能够培养的冠军,扬在脸上的自信,长在心底的坚强,基于成长的自豪,让人开心的自爱,为人着想的善良,懂得配合的自律,彼此成就的自重。我们的口号:为梦坚持,因行抵达。我们的精神:你可以打赢我,你打败不了我。我们的宗旨:不负好时光,每天有收获。		
课程目标	1. 学生熟练掌握篮球基本技术,培养篮球战术能力。 2. 学生培养勇于拼搏、团结奋斗的运动精神。		
课程内容	课程主题	课程内容	教学目标
	球性练习	第1课 自抛自接球	学生会自抛自接球,体验篮球的乐趣。
		第2课 持球绕头、腰、膝	学生会持球绕头、腰、膝,培养对篮球的热情。
		第3课 喊号抛接球	培养团结协作的意识。

(续表)

课程主题	课程内容	教学目标
篮球基本功	第4课　原地高低运球	了解高低运球,增强球感。
	第5课　原地双手传接球	掌握原地双手传接球技术。
	第6课　原地体前变向	发展灵活、协调的身体素质。
篮球基本技术	第7课　原地单手肩上投篮	掌握原地单手肩上投篮技术。
	第8课　罚篮比赛	调动学生的积极性,提高学生的运动乐趣。
	第9课　原地三步上篮	掌握原地三步上篮技术,命中率高。
	第10课　行进间三步上篮	掌握行进间三步上篮技术,命中率高。
	第11课　侧滑步	促进运动员节奏知觉的形成和发展。
	第12课　比赛规则讲解	了解中外篮球史和篮球竞赛规则。
篮球实战赛	第13课　实战二打一	全面锻炼学生跑跳投的运动能力,提高学生的体能和运动技能。
	第14课　实战三打二	
	第15课　实战三打三	
课程实施	重视基本功训练,将篮球基本技术讲解与技术练习、游戏、比赛相结合,多练多总结;待学生掌握基本动作技术后,进行比赛实战演练。	
课程评价	制定《中山小学男子篮球队球员等级评价内容及标准》,并按此评价。	

(三) 习礼课程

习礼课程以培养学生的礼节素养为价值取向,包含礼制、礼仪和礼度,以礼制为基础,教育学生遵守规矩,克己复礼;树立仪式感,掌握基本礼仪规范,养成得体言谈举止;把握礼让原则,明辨是非,礼让有度。以道德与法治、综合实践为基础课程,以养成课程(养成教育、班队会)、仪式课程(入学、入队、升旗等)、规范课程(情绪管理等)为拓展课程,包括小小外交官、雅韵盈耳等个性课程。习礼课程纲要见表3-2-5。

表 3-2-5 习礼课程纲要
雅韵盈耳课程纲要

课程名称	雅韵盈耳		
适用年级	一至二年级	总课时	14
课程介绍	本课程即礼仪主持,以"用心吐字,用爱归音"为宗旨,培养和锻炼学生语言表达能力和应变能力,为校园各项活动提供主持人才。本课程自开办以来,打造了一支优秀的校园解说队伍,为来校参观的领导和嘉宾讲解我校的对联文化、校园环境、社团活动等。目前,本课程已经初见成效,校园礼仪解说队部分优秀成员已经主持过多次学校活动。		
课程目标	1. 培养孩子良好的口语表达能力,提高朗诵水平和掌握主持技能。 2. 掌握基本的礼仪常识,培养孩子沟通表达、待人接物等综合素养。 3. 让孩子做到大方开朗、语言流畅、有效表达,能担当校内外活动的主持人。		

课程内容	课程主题	课程内容		教学目标
	礼仪文化与言语交际	第1课	礼仪导论	1. 了解礼仪文化的历史。 2. 掌握个人礼仪素养规范。
		第2课	礼仪规范	了解坐姿、站姿、走姿礼仪的基本要求。
		第3课	仪态练习	练习坐姿、站姿、走姿礼仪规范。
	有声语言技巧	第4课	口部操练习	1. 了解口部的作用。 2. 加强唇部、舌部肌肉的力量,提高唇齿舌的灵活程度。
		第5课	声母发音练习	1. 掌握每个声母的发音部位和发音方法。 2. 理论结合实际进行发音练习。
		第6课	韵母发音练习	掌握每个韵母的发音部位和发音方法并进行练习。
		第7课	绕口令练习	1. 了解绕口令,矫正发音部位。 2. 有效区分声韵调及易混淆的字,提高吐字发音清晰度。
		第8课	寓言故事朗读与表达	1. 通过学习,做到正确发音,准确清晰。 2. 分角色表演,提高表现、表演欲望。
	姿势语言技巧	第9课	姿势语言的作用与技巧	1. 了解姿势语言的重要性。 2. 通过学习,展现良好的台风。

（续表）

课程主题	课程内容	教学目标
	第10课　姿势语言实用技巧	1. 规范方位与手势,提高肢体语言表达的能力。 2. 实践中熟练运用姿势语言。
	第11课　练习姿势语言	
综合练习	第12课　对联文化解说练习(一)	1. 理解主持词与解说词的概念和种类。 2. 掌握主持词与解说词的表达方式及技巧。
	第13课　对联文化解说练习(二)	
	第14课　语言表演作品与活动主持	1. 学习备稿六步曲、朗诵基本表达手段,提高朗诵水平。 2. 培养活动主持能力。
课程实施	练习说好普通话,学习不同文本的朗读,并对着镜子练习微笑、站姿,进行仪态训练等,在进行播音主持训练的同时,进行礼仪教育。	
课程评价	1. 跟班教师考核,考核等级分别是:优秀、良好、合格。 2. 根据学生在实践活动中的表现考核。	

明德惟馨课程纲要

课程名称	明德惟馨	
适用年级	五至六年级	总课时	15
课程介绍	源远流长的中华传统美德故事,是习性教育的宝贵资源。课程以"忠、孝、诚、信、礼、仪、廉、耻"为核心,确立了5个教育主题;运用多媒体等辅助手段,让学生在"知美德故事、讲美德故事、学美德人物"中受到教育和启发,做一个具有良好美德之人。		
课程目标	1. 学生在聆听和讲述中华传统美德故事的过程中,体会故事人物高尚的品格。 2. 运用多媒体等辅助手段,直观生动地激发学生的美德情感。 3. 用中华传统美德熏陶、感染学生,用闪光的品质、永恒的精神塑造学生,培养学生做一个具有良好美德之人。		

(续表)

	课程主题	课程内容	教学目标
课程内容	孝敬父母	第1课 汉文帝为母尝药	懂得体贴父母、孝敬父母,通过具体行动对父母尽孝心。
		第2课 黄香为父温席	
		第3课 仲由负米孝父母	
	文明礼貌	第4课 樊迟学信礼	知道学习"礼""信"的重要性。
		第5课 孔融让梨	学习孔融对人谦让的美德。
		第6课 杨时程门立雪	体会杨时尊敬老师的情感和爱学习的品质。
	热爱祖国	第7课 蔡文姬一心归汉	体会蔡文姬一心归汉的民族情感。
		第8课 弦高犒军救国	体会弦高为挽救国家的急中生智。
		第9课 岳飞精忠报国	学习爱国主义精神。
	正直无私	第10课 管仲光明磊落	学习管仲讲诚信的美德。
		第11课 郑板桥的兰竹气节	体会郑板桥清正廉洁、正直坦荡的作风。
		第12课 祁黄羊大公无私	体会祁黄羊公正无私处理事情的品质。
	立志奋发	第13课 勾践卧薪尝胆	学习越王勾践坚强的意志和坚持不懈、奋发图强的精神。
		第14课 陈胜的鸿鹄之志	懂得拥有大志向才能有大作为的道理,树立远大志向并化为行动。
		第15课 司马迁发愤著《史记》	学习司马迁克服苦难、坚持不懈、持之以恒的精神。
课程实施	1. 以中华传统美德为抓手,让学生在聆听和讲述中华美德故事过程中,体会故事人物高尚的品格。 2. 通过收集、阅读、分享等多种方式的学习,培养学生收集能力、阅读能力、听觉能力、语言表达能力、认识自我的能力,从而促进学生思维的发展、智力和创新能力的提高。 3. 通过家庭习性作业,让学生把学习到的高尚品德践行到生活中,做到知行统一。		
课程评价	通过课堂出勤情况、课堂表现、家长反馈等方面进行评价,培养学生认真倾听的学习习性,激发学生了解中华美德故事的兴趣。评价等级设置为优、良、中3个等级。		

在基础课程道德与法治学科的具体实施中,学生通过参与各种游戏活动,了解并遵守交往及游戏中的规则、秩序、纪律,掌握人际交往的基本知识与技能,养成讲文明、懂礼貌的行为习性,达成习礼目标。以《拉拉手,交朋友》的教学为例:习性准备环节,教师先自我介绍,拉近与学生的距离的同时,也为进一步学习课文打好基础;习性助学环节,设计"制作名片""找朋友""红黄蓝绿大行动"等活动,扩大儿童交往的范围,培养儿童乐于交往的意识,引导其在游戏活动中学习交往的技能,养成守规则、守纪律、懂礼貌的好习性。

在拓展课程的实施中,学校每学年都会给一年级的孩子们准备一个富有仪式感的开学典礼:庄严肃穆的"六习门"、热情的"中山六骏"(习志、习体、习礼、习文、习艺、习慧6个卡通人物)、充满希望的祝福卡、校长亲切的问候与合影、宽敞明亮的教室、整齐洁净的桌椅、热情洋溢的欢迎标语等,令学生满心欢喜,开启一段满怀憧憬的新旅程。仪式内容还参照传统文化的要求,包含朱砂启智、击鼓鸣志、启蒙认字、正衣冠、拜师礼等环节,彰显仪式的文化意义,为学生营造习礼的氛围,让礼仪本身成为一种全新的体验,给予师生双方感情、行动交融的机会,让他们在活动中感受作为教师的神圣和成为学生的自豪,将主体意识的唤醒、群体共情的培育融入仪式现场的环境创设之中。

在个性课程的实施中,主要有雅韵盈耳、小小外交官和明德惟馨等课程。如雅韵盈耳,即礼仪主持,以"用心吐字,用爱归音"为宗旨,培养和锻炼学生语言表达能力和应变能力,为校园各项活动提供主持人才。课程自开办以来,打造了一支优秀的校园解说队伍,为来校参观的领导和嘉宾讲解我校的对联文化、校园环境、社团活动等。课程主题主要有礼仪文化与言语交际、有声语言技巧、姿势语言技巧、综合练习。课程旨在培养孩子良好的口语表达能力,提高朗诵水平和掌握主持技能;掌握基本的礼仪常识,培养孩子沟通表达、待人接物等综合素养;让孩子做到大方开朗、语言流畅、有效表达,能够担当校内外活动的主持人。

习礼课程在个人成长和社会交往方面具有重要的作用。我们应重视习礼课程的开设和教学,为学生提供更好的礼仪教育。

(四) 习文课程

习文课程以涵养学生的文化底蕴为价值取向,以文化人,包含习言、习字、习作三要素。课程引导学生积累语言,乐于表达,说得一口好话;端正书写,擅长书法,练得一笔好字;腹有诗书,才华横溢,写得一手好文。基于语文、英语国家课程实施基础,学校进一步落实诵读课程(经典诵读、读书节)、书法课程(天地格、活动周)、读写课程(绘本创作、诗文荟萃)等拓展课程,以及兰馨吟诵、墨缘堂等个性课程。比如,我校定于每年5月举办诵读课程中的读书节,开展讲故事大赛、家庭亲子课外阅读知识竞赛、辩论赛、吟诵等一系列活动,提高学生对语言的感受能力、口语表达能力和逻辑思维能力,共享语言的快乐,促进思想的交流,极大地提高了学生的语文核心素养。

在国家基础课程语文、英语等学科的具体实施中,我们探索出以典培根、以文铸魂、以语润心、以探启智的"四维一体"习文育人模型。我们带领学生在诵读经典中厚植家国情怀,在课文学习中塑造意志品格,在高品位阅读中求真向善尚美,在项目学习中合作探究创新。学生获得的不仅仅是对单篇课文的深刻理解和体验,更是在日后的学习中触类旁通、举一反三的能力。经由充分的自学、充分的合作、充分的讨论、充分的思考、充分的读写活动,学生提升学习素养,内化学习习性,升华精神生命,获得多维整体的熏陶与成长。

在拓展课程的实施中,我校每学年都开展读书节主题式实践活动,旨在激发学生、老师、家长读书的兴趣与热情,搭建学生展示自我的舞台,共同感受各学科的魅力,享受语言和思维的快乐,促进思想的交流。活动环节包括:经典吟诵、讲故事、演讲、课本剧、辩论赛、读书分享等。经典吟诵,一至六年级学生参与,要求:内容积极向上、符合主题;语气、语调处理到位;韵律协调、和谐;感情自然、充沛,感染力强;能准确把握作品内涵与格调。讲故事,一至二年级学生参与,要求:内容积极向上,适合本年段学生阅读,故事符合主题等;发音标准、口齿清晰、语速适中、语调富有变化。演讲,三至四年级学生参与,要求:内容积极向上,符合主题等;发音标准、口齿清晰、语速适中,语气、语调富有变化;感情自然、充沛,感染力强。课本剧,三至四年级学生参与,要求:剧本创作源自课本,主题鲜明、结构完整、情节流畅;形式灵活新颖、配乐恰当,多媒体内容切合作品内容。辩论赛,五至六年级学生参与,要求:用词准确,陈词流畅,说理透彻;逻辑性强,引用实例得当;提问合适,回答中肯,反驳有力、有理,反应机敏,用语得体。读书分享,五至六年级学生参与,要求:对所推荐书目的内容表达清楚,能深入理解并延伸;回答提问时现场反应快,理解评委提问的意图,答为所问,能随机应变、见解深刻。系列读书节活动有助于培养学生语言建构与运用、审美鉴赏与创造、思维发展与提升、文化的理解和传承等核心素养。

在个性课程的实施中,主要有墨缘堂、兰馨吟诵、绘声绘英、Drama Club。以兰馨吟诵为例,通过吟诵这种古老的读书方法,教孩子学会吟诵古诗文,引导学生感受经典之美,传习雅言之道,养成君子之风。课程主题包括:吟诵入门,了解学习吟诵的意义,了解诗歌背景,会普通话平调吟诵;五言绝句,感悟诗情,学会自创调吟诵;七言绝句,能配上音乐、动作进行吟诵表演;蒙学,能吟诵《三字经》节选,大致了解韵文意思和相关故事;能吟诵《诗经》节选,大致了解诗歌背景,感悟诗情。习文课程纲要见表3-2-6。

表3-2-6 习文课程纲要
兰馨吟诵课程纲要

课程名称	兰馨吟诵		
适用年级	三至四年级	总课时	15
课程介绍	吟诵已有两千多年的历史,是中华传统读书法,是古代教育最基本的教学方法,也是一项有趣的艺术活动。本课程通过吟诵这种古老的读书方法,教孩子学会吟诵古诗文,引导学生感受经典之美,传习雅言之道,养成君子之风。		
课程目标	1. 了解吟诵,掌握吟诵的基本方法,传承中华优秀传统文化。 2. 通过吟诵,提高孩子背诵古诗文的能力,培养孩子对古诗文的理解能力和鉴赏能力。		
课程内容	课程主题	课程内容	教学目标
	吟诵入门	第1课 了解中华吟诵	了解学习吟诵的意义。
		第2课 《江南》	了解诗歌背景,会普通话平调吟诵。
		第3课 《敕勒歌》	
	五言绝句	第4课 《风》	感悟诗情,会自创调吟诵。
		第5课 《登鹳雀楼》	
		第6课 《独坐敬亭山》	
	七言绝句	第7课 《咏柳》	能配上音乐、动作进行吟诵表演。
		第8课 《凉州词》	
		第9课 《春日》	

(续表)

课程主题	课程内容	教学目标
蒙学韵文	第10课 《三字经》(节选)	会吟诵,能大致了解《三字经》背景和一些相关的故事。
	第11课 声律启蒙:东	会吟诵,大致了解韵文意思和一些故事。
	第12课 《百家姓》(节选)	
诗经节选	第13课 《诗经·卫风·木瓜》	会吟诵,能大致了解诗歌背景,感悟诗情。
	第14课 《诗经·小雅·鹿鸣》	
	第15课 《诗经·小雅·天保》	
课程实施	1. 诵读——读出节奏。能够做到依字行腔、平长仄短,读出长短、轻重、快慢,感受诗歌节奏的美感。 2. 吟读——读出韵味。 (1) 听调:从模仿开始,老师先示范,或者播放吟诵录音,学生听。 (2) 学调:在熟悉吟诵调之后,学生尝试吟诵,能够做到不倒字,平长仄短,有韵味。 (3) 创调:通过一段时间的训练,学生有了一定吟诵基础,可以根据自己对诗歌的理解和体会自编吟诵调。	
课程评价	一星:还需努力,对指定篇目和自选篇目的诗文吟诵不熟练,有错误。 二星:过关,对指定篇目和自选篇目的诗文能熟练吟诵。 三星:很棒,对指定篇目和自选篇目的诗文能熟练、有感情地吟诵,能通过声韵、节奏等表达自己对作品的理解。	

墨缘堂课程纲要

课程名称	墨缘堂		
适用年级	五至六年级	总课时	15
课程介绍	本课程旨在传承书法这一民族文化瑰宝,培养学生良好的毛笔书写能力,并引导学生在练习书法过程中领略书法的艺术魅力,陶冶情操,学习做人,培养学生的高雅艺术修养。该课程共有27名成员,主要由五、六年级的学生组成,学校特别聘请了专业的书法老师对他们进行专业教学。		
课程目标	1. 掌握毛笔的执笔要领和正确的书写姿势,保持书写环境的整洁。 2. 学习用毛笔临摹楷书字帖,学会楷书基本笔画的写法,初步掌握起笔、行笔、收笔的基本方法,注意利用习字格把握字的笔画和结构。		

(续表)

课程主题		课程内容	教学目标
课程内容	基本知识	第1课 书法常识	1. 正确使用书法用具,养成整洁的习性。 2. 学会正确执笔、用笔,规范坐姿。
		第2课 用笔技法	学会用笔的基本技法。
	描红与临摹	第3课 点的写法(一)	掌握描红点的写法。
		第4课 点的写法(二)	1. 巩固描红点的写法。 2. 会描红几个带点字笔画的简单汉字。
		第5课 横的写法	1. 掌握横的写法。 2. 会写"一、二、三"。
		第6课 竖的写法	1. 掌握竖的写法。 2. 会写"十、土"。
		第7课 撇的写法	掌握撇的写法。
		第8课 独体字练习	巩固"一、二、三、十、土"的书写。
		第9课 捺的写法	1. 掌握捺的写法。 2. 会写"人、入、八"。
		第10课 钩的写法	1. 掌握钩的写法。 2. 会写"小、丁"。
		第11课 作品赏析	培养欣赏碑帖和读帖的兴趣。
		第12课 横折写法	掌握横折的写法。
	作品表达	第13课 笔画组合练习	会写笔画比较复杂的字。
		第14课 临摹练习	会临摹对联、古诗等书法作品。
		第15课 书法创作	创作一幅书法作品。
课程实施			1. 书法教学作品展示—讲解示范—学生练习—互相评价—教师评价。 2. 执行书法课程管理制度 (1) 每天下午按时到书法室,有事或有病必须向老师请假。 (2) 主动练习,按时交作品。 (3) 踊跃参加学校组织的书法比赛活动。 (4) 活动期间,保持教室的卫生。
课程评价			1. 学生自评:学生对照范字比较,自我评价。 2. 学生互评:作业完成后,学生互相评价,取长补短,共同提高。 3. 教师评价:教师根据学生在学习中的表现、态度,以及书画作品,给学生适当的评价,采取及格、良好、优秀等级制评价。

绘声绘英课程纲要

课程名称		绘声绘英		
适用年级		一至二年级	总课时	15
课程介绍	\multicolumn{4}{l}{绘声绘英是以英语绘本作为媒介,教师作为引导者,营造英语氛围,让学生通过听、说、读感受英语世界的一门课程。一、二年级学生是培养孩子听说英语的重要时期,本课程有利于让学生在阅读绘本过程中学习自然拼读法,并且积累一定的听说词汇,提升孩子的英语口语水平。}
课程目标	\multicolumn{4}{l}{1. 知识方面:学生学习自然拼读法,了解英语音素。 2. 技能方面:学生能够运用自然拼读法拼读生词,辅助阅读。 3. 情感方面:学生在创设的英语环境中,感受英语韵律之美。 4. 习性方面:学生养成良好的英语听说习性,能够大方得体地运用所学知识表达自我。}

课程内容	课程主题		课程内容	教学目标
	Animals	第1课	Night animals	Recognize different night animals.
		第2课	Fish colors	Recognize different fish.
		第3课	Mini beasts	Recognize different mini beasts.
	Pet	第4课	The perfect pet	Know the meaning of pet.
		第5课	Dirty dog	Understand the main idea.
		第6课	Feeling time	Understand the main idea.
	Place	第7课	At the park	Master the word "park".
		第8课	Quiet in the library	Master the word "library".
		第9课	Supermarket on Mars	Master the word "supermarket".
	Antonym	第10课	Big and small	Identify the difference between big and small.
		第11课	Day and night	Identify the difference between day and night.
		第12课	Ruby red and sky blue	Identify the difference between red and blue.
	Feelings	第13课	Feelings	Understand the word "feelings".
		第14课	I don't want to	Understand the main idea of the story.

(续表)

课程主题	课程内容	教学目标
	第15课　When I grow up	Students can use some words to describe their feelings.

课程实施	1. 班级教学：在教师引导下，学生通过听、说、读进行感知，学习自然拼读。 2. 实操训练：学生进行音素替换，尝试拼读生词以及进行绘本阅读。
课程评价	1. 注重形成性评价。考查学生平时表现，结合孩子习性、文明礼仪、上课态度等进行评价。 2. 注重评价主体多元化，评价结合自评、家长评以及教师评。

Drama Club 课程纲要

课程名称	Drama Club		
适用年级	五至六年级	总课时	15
课程介绍	本课程由本校英语老师和英语外教老师合作开发，旨在开展丰富多彩的英语话剧活动，在学校营造浓厚的英语氛围；同时注重培养学生的团队意识，锻炼学生的组织与协调能力，展示学生的英语风采。		
课程目标	1. 学生养成良好的英语听说能力，在听、读、唱、演等活动中提升英语口语表达能力。 2. 了解中西方文化差异，拓宽视野，为终身发展奠定良好的基础。		

课程内容	课程主题	课程内容	教学目标
	英文歌曲	第1课　英文儿歌学唱	会唱三首儿歌。
		第2课　英文歌曲分类	了解英语歌曲分类。
		第3课　英语歌曲学唱	学唱一首积极向上的英文歌曲。
	英语故事阅读	第4课　绘本故事欣赏	欣赏绘本故事，并发表自己感想。
		第5课　绘本故事阅读	选择一本绘本故事自由朗读。
		第6课　绘本故事表演	能用丰富的表情、肢体语言表演绘本故事。
	场景对话	第7课　场景对话归类	了解场景对话类别。
		第8课　场景对话欣赏	欣赏常见场景对话。
		第9课　场景对话表演	以小组为单位，选择一个场景表演。

(续表)

课程主题	课程内容	教学目标
中外文化欣赏	第10课 中外文化解析	开拓视野,了解中外文化的区别。
	第11课 中外文化交流	搜集相关的中外文化差异,与同学们分享。
	第12课 中外文化差异短片欣赏	能坐端正、安静欣赏中外文化差异视频。
英语剧	第13课 英语戏剧解析	了解英语戏剧及分类。
	第14课 英语戏剧欣赏与排练	学会欣赏英语戏剧,并能熟悉朗读剧本。
	第15课 英语戏剧排练	能用丰富的肢体语言及表情进行戏剧表演。
课程实施	1. 老师分析学情,选择一个合适的故事进行学习、改编、排练。 2. 学生与老师一同欣赏话剧,学习英文歌曲及划分场景,学习场景对话,串联排练剧本。 3. 通过合作学习、自主学习以及任务学习完成每门课程的任务。	
课程评价	优秀:学生能熟练掌握整个课程内容,并能完整地表演剧目。 良好:学生能大致掌握整个课程内容,并能完成部分表演。 合格:学生能基本掌握课程内容,并能完成基本的对话。	

习文课程在提升学生的语言文字素养、人文素养、思维能力、情感体验和文化传承意识方面具有重要作用。通过习文课程的学习,学生可以提升文化综合素质,为精神成长和文化积累打下坚实的基础。

(五) 习艺课程

习艺课程包含技艺、审美、想象三要素,主要通过音乐、美术等基础课程,以及相应的拓展课程和个性课程的实施,使学生达成掌握艺术技能和特长、学会欣赏和审美、自由想象与创作的目标。技艺方面,开设了口风琴等乐器拓展课程和木光之城等个性课程;审美方面,开设了艺术通识等美育拓展课程和梨园春苗等个性课程;想象方面,开设了科幻画等创作拓展课程和奇思童创等个性课程。

在基础课程的实施中,美术学科培养学生独立完成美术创作,鼓励学生大胆作画,表达自己所感所想。音乐学科抓住"仔细倾听—正确学唱—轻声跟唱—完善情感"一条主线,通过创设一定的教学情境,采取灵活多样的教学组织形式,多种教学手段相结合,培养学生对音乐艺术的兴趣与热情。以美术课《变幻的色彩》的教学为例,课堂紧紧抓住了明度推移的主线,通过增长学生的色彩知识、训练学生的动手调色能力,培养学生图像识读的美术学科素养,达到习艺的目标。

在拓展课程的实施中,我校每年12月举办艺术节。各班先开展"迎新才艺比拼大联欢"活动,学生各展所长,秀出风采,再从中推选精彩节目于年级专场的"达人秀"活动中演出,最后进行校级艺术节展演,以此丰富学生的校园文化生活,营造积极向上、清新高雅、健康文明的校园文化艺术氛围,展现师生阳光、上进的精神风貌,挖掘学生个性、特长,激发学生对艺术的兴趣和爱好,培养学生健康的审美情趣和艺术素养。

此外,新课标指出:"音乐教育是基础教育的有机组成部分,是实施美育的重要途径。"我校在基础课程的基础上开发了以口风琴、口琴为主的拓展课程——乐器课程。以口风琴课程为例,课程内容包括认识口风琴和使用须知,掌握正确的演奏姿势和呼吸方法,学习顺指法、扩指法,在C调(一手位)上熟练演奏歌曲,并学会吹奏《玛丽有只小羊羔》《铃儿响叮当》等歌曲。学生在学习过程中,通过眼、耳、口、手的配合,提高了协调能力,增加了对音乐的兴趣,加深了对音乐的了解,并接受了音乐的熏陶,从而提高了审美情趣以及感受美和创造美的能力。

在个性课程的实施中,主要有梨园春苗、美时美刻、开心陶吧。以创作课程科幻画为例,我校组织六年级学生,利用每天"四点半"课堂创作科幻画。在第3课《宇宙探索》中,老师先引导学生观察宇宙和电影中的太空基地,再让学生欣赏和感受优秀的太空基地的设计画面,最后鼓励学生尝试探索和创作出独特的作品。老师巧妙地利用科幻画这一美术创作课形式,引导学生在已掌握的知识和经验的基础上通过科学的想象,应用绘画语言,创造性地表达出对宇宙万物的遐想而创作出绘画作品,培养学生的想象和创作能力。习艺课程纲要见表3-2-7。

表 3-2-7　习艺课程纲要
梨园春苗课程纲要

课程名称	梨园春苗		
适用年级	一至二年级	总课时	15
课程介绍	京剧是中华民族文化的瑰宝,被称为国粹。京剧课程以弘扬中华民族文化为己任,向孩子们传授京剧知识以及表演技能。该课程旨在增强学生对民族文化的了解和热爱,培养学生健康的审美情趣,提高学生的综合素养,为国粹的世代传承发现和培养人才。		
课程目标	1. 了解京剧的基本知识,会声情并茂地演唱京剧选段。 2. 开展多种多样的京剧体验活动,让学生能全方位、多角度地领悟京剧艺术的真谛。 3. 增强学生的民族意识和爱国主义情操,提高学生的审美能力。		
课程内容	课程主题	课程内容	教学目标
	基础知识	第1课　了解京剧	了解京剧的起源、表演形式、唱腔、脸谱等,掌握京剧基础知识,培养学生对京剧的兴趣。
		第2课　京剧的表演形式	
		第3课　京剧的唱腔	
	基本练习	第4课　京剧的发声及音准练习	掌握基本的发声练习、音准练习、身体练习,塑造良好的体态,会唱《穆桂英挂帅》选段。
		第5课　京剧的体态练习	
		第6课　京剧节选训练	
	巩固练习	第7课　京剧的步伐练习	掌握圆场步伐、手脚的初步协调性,会唱《红灯记》选段《穷人的孩子早当家》。
		第8课　京剧的手脚协调练习	
		第9课　京剧节选训练	
		第10课　京剧的眼神练习	学会眼神的运用、面部表情的表达,会唱《说唱脸谱》选段。
		第11课　京剧的面部表情练习	
		第12课　京剧节选训练	
	综合练习	第13课　京剧的舞台表演练习	掌握舞台表演的基本动作,建立舞台表演概念,会唱《中国人》选段。
		第14课　身体协调性练习	
		第15课　京剧节选训练	

(续表)

课程实施	1. 每次训练一个小时的动作基本功,坚持一个半小时的唱腔训练。 2. 开展多种多样的学习体验活动,让学生领悟京剧艺术的真谛。 3. 运用多种教学方法,重点突出学生的学习自主性和合作精神。
课程评价	从学生掌握相关知识与技能情况,以及情感态度与价值观发展方面评价,同时还考查学生学习过程与方法的有效性。如:对京剧的兴趣爱好与情感反应,京剧实践活动中的参与态度、参与程度、合作愿望及协调能力,京剧的体验与模仿能力、表现能力,对京剧与相关文化的理解以及审美情趣的形成等。评价等级设置优、良、中三个等级。

管乐课程纲要

课程名称	管乐		
适用年级	三至四年级	总课时	15
课程介绍	中山小学管乐一团成立于2017年2月20日,由三、四年级学生组成。乐团定期聘请知名的专业老师进行指导,旨在激发学生的审美兴趣,为全校师生营造积极健康的艺术氛围。学生积极参加各类有益的交流演出,从实践中学习,在实践中进步,促进学校的艺术教育向着良性的方向快速发展,也为学校艺术教育品牌的凸显创造更多的契机。			
课程目标	1. 认识管乐,掌握基本的乐理知识,会用乐器吹奏简单的乐曲。 2. 培养良好的演奏习性,提升音乐艺术修养。			
课程内容	课程主题	课程内容	教学目标
	基本知识	第1课 介绍几种管乐器历史、乐器的保护和保养、呼吸方法与吹奏	学会正确吹奏乐器,并养成整洁的习性,规范坐姿。
		第2课 手形与口型练习,基础乐理知识的讲解	1. 学会吹奏的基本技法。 2. 掌握C、B、A、G音的吹奏和指法。
	合排训练	第3课 吐音吹奏方法;换气记号及运用	1. 学会吹奏的基本技法。 2. 掌握F、E、D、C音的吹奏和指法。
		第4课 综合练习,学习乐曲《小星星》	1. 学会吹奏的基本技法。 2. 学会合排。

（续表）

课程主题	课程内容	教学目标
	第5课　八度键练习和运用,练习乐曲《小星星》	学会合作演奏乐器。
	第6课　练习曲,连音线和换气记号的运用	1. 掌握吐音吹奏法。 2. 会听音练习。
	第7课　附点音符的练习	掌握附点节奏的吹奏手法。
	第8课　回顾练习	复习节奏、音准。
	第9课　练习曲,视唱歌谱	1. 掌握练习方式。 2. 会唱歌谱。
	第10课　连音吹奏法,升降记号	1. 掌握连音吹奏法。 2. 会写、唱升降记号。
	第11课　管乐赏析	培养欣赏管乐的兴趣。
	第12课　分谱练习《铃儿响叮当》	可以独立吹奏乐曲。
音准节奏训练	第13课　合排《铃儿响叮当》	学会聆听与欣赏乐曲。
	第14课　合排《铃儿响叮当》	学会轻吹乐器。
	第15课　合排《铃儿响叮当》	学会吹奏、合排、欣赏。
课程实施	管乐队训练设为早训与晚训,早训时间定在7:00到7:50,晚训定在下午4:00到5:30。	
课程评价	1. 注重形成性评价。通过平时表现,结合学生习性、训练态度、演奏作品等进行评价。 2. 注重评价主体多元化。评价结合自评、家长评以及教师评。	

美时美刻课程纲要

课程名称	美时美刻		
适用年级	五至六年级	总课时	15
课程介绍	版画是在各种不同材料的版面上通过手工制版印刷而成的一种绘画(木版、石版、铜版、锌版、麻胶版等品种),可复印出多份不影响其艺术价值的原作。版画是视觉艺术的一个重要门类,本课程旨在让学生在创作活动中体验绘画的多样性,感受版画的艺术魅力,提高学生的欣赏水平及创造能力。			

(续表)

课程目标	1. 了解版画基本常识，认识版画的艺术魅力。 2. 通过启发学生大胆想象，训练学生的创造性思维。 3. 通过版画拓印，培养学生耐心、细心以及团队协作能力。		
课程内容	课程主题	课程内容	教学目标
^^	版画入门	第1课 认识版画	版画知识入门，准备版画材料。
^^	木刻版画	第2课 木刻版画技法学习	掌握木刻版画制作技巧。
^^	^^	第3课 木刻版画：画稿	学会绘制木刻板初稿。
^^	^^	第4课 木刻版画：制板	学会基本的版画技法。
^^	^^	第5课 木刻版画：制板	学会制作木刻板。
^^	^^	第6课 木刻版画：印制	学会印制黑白木刻板，掌握印制技巧。
^^	^^	第7课 版画作品欣赏	欣赏大师作品，提高审美素养。
^^	综合版画	第8课 综合版画技法学习	了解综合版画的制作过程，学习制作方法。
^^	^^	第9课 综合版画：画稿、制版	学会使用综合材料制作版画作品。
^^	^^	第10课 综合版画：印制	学会印制综合版画。
^^	^^	第11课 版画作品欣赏	感受和理解不同版画作品及艺术表现蕴涵的情感和思想，获得对人类情感的体验。
^^	吹塑版画	第12课 吹塑纸版画技法学习	学习吹塑纸版画的技法。
^^	^^	第13课 吹塑纸版画：画稿、制版	能用吹塑纸表达自己所感所想。
^^	^^	第14课 吹塑纸版画：印刷	学会印制吹塑纸版画。
^^	^^	第15课 考核	期末考核。
课程实施	1. 学习版画工具的使用方法以及不同板种的表现方法，学会制版。 2. 学会印制版画作品，初步领略版画的魅力。 3. 小组合作制作版画作品。		
课程评价	通过出勤、课堂表现、创作等方面进行综合评价，提高学生绘画、动手制作以及创造性思维能力，培养学生良好的绘画习性，激发学生对版画的兴趣。评价等级设置优、良、中三个等级。		

开心陶吧课程纲要

课程名称		开心陶吧		
适用年级		五至六年级	总课时	15
课程介绍		陶艺即陶瓷的艺术,陶艺制作是我国古朴的民间艺术,流传至今,仍被许多人珍爱,其魅力就在于它的可塑性强、想象空间大、艺术性高。陶艺创作可以提高学生的动手能力,培养学生的想象力和创造力,让学生感受创作所带来的成功和喜悦。		
课程目标		1. 指导学生在掌握技法的基础上,尝试创作、学会创作、大胆创作,培养学生的动手和创作能力。 2. 以激发学生创新思维为主,指导有一定造型技法基础的学生大胆发挥想象创作作品,培养学生的想象力和创造力。		
课程内容	课程主题	课程内容		教学目标
	基础课	第1课　制作茶壶		了解茶壶的种类和制作过程。
		第2课　制作茶杯		做出特别的茶杯跟茶壶配套。
		第3课　制作茶盘		发挥想象,制作不一样的茶盘。
	浮雕课	第4课　百家姓浮雕		了解古代百家姓,并在泥板上刻自己的姓氏。
		第5课　生肖浮雕		了解生肖的类型结构,在浮雕上刻自己喜欢的生肖。
		第6课　自由创作浮雕		在前面制作的浮雕基础上创作作品。
	造型课	第7课　可爱的动物		发挥想象,用泥巴雕塑各种小动物。
		第8课　笔筒		制作日常实用的东西。
		第9课　爸爸的烟灰缸		为爸爸做一个特别的礼物——烟灰缸。
	捏塑课	第10课　可爱的小鱼		发挥想象,制作各种各样稀奇古怪的鱼。
		第11课　海豚		制作海豚。
		第12课　船		发挥想象,制作不一样的船,如战舰、渔船等。

(续表)

课程主题	课程内容		教学目标
创意联想以及课程总结课	第13课	创意人物	学会制作夸张、有创意的人物。
	第14课	盘泥条:罐子	用泥巴戳泥条盘起来。
	第15课	自由创作	自由创作,题材不限,做出美观的东西。
课程实施	在教学过程中,创意贯穿教学的整个过程。教师使用生动、简明的语言进行教学,让学生大胆、创造性地表现自己的所见所闻、所感所想,发现和表现事物特征,突出和夸张其特点,熟悉运用所学的知识,充分表达作品的特殊性。		
课程评价	通过课堂出勤情况、课堂表现、学生个人创作或小组合作的作品等方面进行评价,培养学生想象力、创造力和动手能力。评价等级设置为优、良、中三个等级。		

习艺有助于培养人的认识能力、创造能力、审美能力、心理调适能力、社会交往能力和人格。习艺课程培养学生的专注力和意志力,提高学生自我修养和素质,并使传统文化得到了传承。

(六) 习慧课程

习慧课程包含静思、质疑、创新三要素,主要通过数学、科学、信息技术等基础课程,以及相应的拓展课程、个性课程的实施,使学生达成静心思考、学会质疑、合作探究、谋求创新的目标。静思方面,开设了冥想拓展课程和思维导图等个性课程;质疑方面,有探究拓展课程和小课题研究等个性课程;创新方面,开设了创客拓展课程和3D创意画坊等个性课程。在数学课堂的教学中,老师带领学生探索数学学习的规则和策略,并鼓励学生质疑以培养学生的问题意识,让学生有目的性地思考,培养学生静思的习性;同时,通过小组合作、体验活动等方式,进一步引导学生综合运用数学规律具身学习,让学生尝试自行解读规则,学会应用,有效实现了一课一习或多习、一习一得或多得。

在拓展课程的实施中,为培养学生实践应用、迁移创新等能力,我校于每年5月举行科技节活动,组织学生观看精彩的航模、水火箭发射、变形金刚等表演,参加太阳能小车拼装、风力小车制作、七巧板益智拼图、橡筋动力飞机制作等一系列活动,让学生用思维去碰撞,用眼睛去发现,用双手去创造。此外,我校还组织校外实践主题活动,如"走近比亚迪，感受新能源"活动，引导学生了解比亚迪新能源汽车在祖国环保、科创等领域做出的卓越贡献，为我国民族产业做大做强的精神感到自豪，学习比亚迪员工精益求精、力求完美、团结协作、勇于创新的奋斗精神，树立努力向学、蔚为国用的远大志向，达到习慧拓展课程目标。

个性课程的实施有创客联盟、冲上云霄、3D创意画坊、数迷园等。以创客联盟为例，创客课程旨在大力培养学生自主探究科学的兴趣和能力，培养学生的创新精神和动手动脑能力，在校园形成学科学、爱科学、用科学的良好氛围。课程主题有机关原理、认识绿色能源、团队创意、智能机器人等，让学生感知空间结构、物理结构及电子机械的运用，体验机关王、机器人等智能化的操作，在动手实践的过程中养成主动学习、主动思考的思维模式与思维习性。习慧课程纲要见表3-2-8。

表3-2-8 习慧课程纲要
创客联盟课程纲要

课程名称	创客联盟		
适用年级	一至二年级	总课时	13
课程介绍	创客课程旨在大力培养学生的创新精神和动手动脑能力，在校园形成学科学、爱科学、用科学的良好氛围，在师生中形成崇尚科学的思想，同时为学生提供展示个性的平台，培养学生自主探究科学的兴趣和能力，让学生体验科学的魅力，从而全面提高学生的科学素养。创客的结构简单，材料好找，加工容易，见成果快，非常适合小学生参与制作。		
课程目标	1. 感知空间结构、物理结构及电子机械的运用，体验机关王、机器人等智能化的操作。 2. 在动手实践的过程中养成主动学习、主动思考的思维模式与思维习性。 3. 探索科学奥妙，思考科学知识在我们现实生活中的应用。		
课程内容	课程主题	课程内容	教学目标
	机关原理	第1课 创意动力机关	1. 认识创意动力机关。 2. 常见机关设计模式与科学原理。 3. 搭建基本机关模型。
		第2课 机关中的杠杆	1. 机关中杠杆的认识。 2. 杠杆的应用。 3. 制作杠杆机关。

(续表)

课程主题	课程内容	教学目标
	第3课 轨道组	1. 机关组装的注意事项。 2. 机关王中轨道的认识。 3. 轨道组的类型，及制作轨道组。
	第4课 同机关多原理	1. 熟悉各机关的制作。 2. 合理搭建同机关多原理运用。
	第5课 机关整体连接	1. 分组完成创意机关。 2. 两人一组制作创意模型。
认识绿色能源	第6课 绿色能源（一）	1. 认识绿色能源。 2. 关卡中绿色能源的应用。
	第7课 绿色能源（二）	制作绿色能源机关。
团队创意	第8课 团队创意（一）	1. 认识创意的必要性。 2. 学习创意思考方法。
	第9课 团队创意（二）	1. 创意问题分析。 2. 制作创意结合机关。
智能机器人	第10课 了解智能机器人	感受高科技给人们生活带来的巨大改变，激发学习热情。
	第11课 机器人的大脑：主板及功能	初步了解中央处理器的概念，为后续学习智能化编程做准备。
	第12课 机器人的控制器：遥控器	1. 了解Cubo专用遥控器的功能。 2. 了解18个ID的方法。
	第13课 创意作品评选	培养学生制作能力。
课程实施	1. 通过理论知识丰富科学文化。 2. 通过实际操作培养学生团体合作精神及科学创造能力。	
课程评价	根据学生对基础知识和基本技能的掌握、自我能力的发展及课堂的表现设置优秀、良好、合格、不合格四个等级。	

冲上云霄课程纲要

课程名称	冲上云霄		
适用年级	三至四年级	总课时	15
课程介绍	冲上云霄是一个充满科学趣味的航模无人机社团,本课程通过让学生学习有关无人机的理论知识,掌握无人机的操控,并与飞行实践相结合,对学生进行强化飞行基本训练,实现孩子们的"飞天"梦想。		
课程目标	1. 学生掌握无人机操控,培养科学素养、创新精神和实践能力。 2. 学生提高综合素养,实现全面发展。		
课程内容	课程主题	课程内容	教学目标
	欢迎来到无人机世界	第1课 无人机基础知识	1. 了解无人机的起源及发展。 2. 了解无人机的分类及其运用。 3. 知道多旋翼无人机的基本结构。
		第2课 旋翼无人机	1. 掌握多旋翼无人机的飞行原理。 2. DIY多旋翼积木无人机的认识与拼装。
		第3课 遥控器操作	1. 了解遥控器的基本结构,熟悉遥控器的对码和调试技巧。 2. 掌握遥控器的飞行动作技巧。 3. 多旋翼无人机的飞行入门。
	起飞吧小四轴	第4课 飞行训练(一)	1. 加强控制油门的技巧平稳起飞。 2. 掌握控制向前后左右飞行技巧。
		第5课 飞行训练(二)	1. 加强前后左右飞行的技巧。 2. 多旋翼无人机的平稳降落。 3. 多旋翼无人机的对尾悬停。
		第6课 基础飞行技巧训练	1. 了解多旋翼无人机的悬停技巧。 2. 掌握多旋翼无人机的自转技巧。
		第7课 飞行技巧加强练习	1. 加强多旋翼无人机的悬停技巧。 2. 多旋翼无人机的四面悬停。
	趣味任务攻坚战	第8课 定点降落	1. 加强操控精度训练。 2. 完成规定区域内平稳降落。
		第9课 直线飞行	1. 精确掌握操纵杆调节幅度。 2. 跑道内直线飞行—定点降落。

(续表)

课程主题	课程内容	教学目标
	第10课 方形航线（一）	连续完成：四角四面定点悬停—直线行驶—定点降落。
	第11课 方形航线（二）	连续完成：方形航线—定点降落。
	第12课 "8"字飞行	1. 练习"S"路线指示飞行。 2. 完成绕"8"字路线飞行。
疯狂"越野"	第13课 小四轴穿越（一）	1. 用小四轴进行龙门及障碍物穿越。 2. 精确掌握油门控制技巧。
	第14课 小四轴穿越（二）	小四轴进行龙门及障碍物穿越计时训练与比赛。
总结与考核	第15课 飞行考核	1. 对本学期所学知识与技能进行完整回顾。 2. 认识自己的优势与不足。
课程实施	了解无人机的基本知识与操作；重视无人机操作的训练，多练多总结；训练当中根据学生实际情况进行分组练习，让操作能力强的学生带动操作能力较弱的学生，培养合作精神，促进学生全面发展。		
课程评价	根据以下四个方面分别设置优秀、良好、合格、不合格四个等级： 1. 对无人机的基础知识的掌握情况。 2. 对无人机的操作兴趣。 3. 对无人机操作训练活动的积极参与情况。 4. 对各种无人机型的驾驶操作等方面的综合情况。		

3D创意画坊课程纲要

课程名称	3D创意画坊		
适用年级	五至六年级	总课时	15
课程介绍	伴随着3D打印日渐风靡，3D绘画作为其中一类入门级产品，颇受大众喜爱。学校因此引进3D绘画作为课程。该课程宗旨是让学生在使用中了解3D绘画的基本成型原理和方式，为立体创作提供便捷，促进学生在方便、安全的环境中天马行空地进行创作。同时，3D绘画亦是专注力训练、创意培训、艺术感培养的课程之一。		

(续表)

课程目标	1. 了解3D绘画的基本成型原理和方式。 2. 通过引导学生创作作品,培养学生大胆想象、大胆创新的能力。 3. 学生获得良好的专注力训练和艺术感培养。			
课程内容	课程主题	课程内容		教学目标
^	3D入门	第1课 基本概念及注意事项		理解3D绘画同普通绘画的区别,学习3D绘画时需要注意的安全事项。
^	^	第2课 3D笔基本使用方法		3D笔的基本使用方法及进出料换色。
^	^	第3课 3D笔基本操作练习		通过直线曲线练习掌握3D笔的基本操作。
^	基础操练	第4课 绘制基本平面结构		学习平面填充画法,掌握简单平面的绘制技法。
^	^	第5课 平面叠层法		掌握将绘制好的不同平面图形叠层拼接的技法,呈现简单的3D作品。
^	^	第6课 基础习作:四叶草书签		掌握制作四叶草书签的技巧。
^	进阶技巧	第7课 立体结构拼贴绘		运用进阶的技巧进行立体图创作。
^	^	第8课 基础习作:笑哈哈盆栽		熟练掌握进阶的立体拼接技法和基础平面叠层法,制作盆栽。
^	^	第9课 基础习作:巴士杂物盒		掌握在物件上添加装饰部分的绘制技法。
^	^	第10课 基础习作:储物小笔筒		能快速描绘小笔筒的平面图并拼接完整。
^	^	第11课 基础习作:魔力面具		练习曲面勾勒感,让实物更有层次。
^	^	第12课 基础习作:融合勾勒		练习立体拼接技术,将平面立体化。
^	创意设计	第13课 创作3D小灯箱(一):模板草图		通过已经掌握的3D绘制技法,根据提供的LED灯条的尺寸进行初步结构的草图绘制。

(续表)

课程主题	课程内容	教学目标
	第14课 创作3D小灯箱（二）：基本结构绘制	根据设计模板，将灯箱基本框架绘制完成。
	第15课 创作3D小灯箱（三）：亮灯测试	将LED放入并测试灯箱效果，交流改进意见，为以后的设计打下基础。
课程实施	课程根据所学技能程度划分为不同的阶段，每个阶段采用基础习作延伸至创作练习的方式，让同学在每个阶段的学习练习之后，都能开动脑筋，发散自己的思维进行创意创作。学生通过由浅入深地递进学习，逐步掌握3D绘画创作的各个要领。	
课程评价	1. 注重形成性评价。通过平时表现，结合学生习性、创作能力、作品等进行评价。 2. 注重评价主体多元化。评价结合自评、家长评以及教师评。	

在科技飞速发展的当今社会，科技教育不仅是知识的传授，更是思维方式和解决问题能力的启蒙。习慧课程可以培养学生的创新思维和实践能力，为他们的未来发展打下坚实的基础。

三 年段设置

基础课程作为教育的基础，为学生提供必需的知识和技能，为学生进一步学习做好准备，是后续学习和发展的基石；拓展课程引导学生深入探索感兴趣的领域，在基础课程之上提供更深入、更专业的知识和技能，帮助学生拓宽视野，深化理解；个性课程以学生为中心，让每个学生的特长和兴趣得以发挥，根据其兴趣、特长和发展需求设置个性课程，充分发展学生个性。三者有机结合，可以使学生的发展既全面，又具备专业深度和独特性。为此，我们系统化、整合性重构习性课程体系，把国家课程、地方课程、校本课程放在习性课程的整体框架之中统一实施，并根据学生年龄特点进行了课程的年段设置，见表3-2-9。

表 3-2-9 "六习"课程年段设置表

年段	课程结构	习志课程	习体课程	习礼课程	习文课程	习艺课程	习慧课程
一、二年级	基础课程	所有学科	体育 安全 心理 劳动	道德与法治 综合实践 班队会	语文 英语	音乐 美术	数学 科学 信息技术
	拓展课程	时间规划 研学、游学	体育节 整理节 跳绳 家务劳动 韵律操 啦啦操	养成教育 入学 入队 升旗 开学 散学 情绪管理	经典诵读 读书节 英语周 天地格 绘画日记 绘本创作	口风琴 艺术节	探究课程 科技节
	个性课程	名人荟萃	整理达人 艺术体操小天使 开心农场 徒手操	中华文明 雅韵盈耳 传统礼仪等	故事天地 绘声绘英 七彩绘本 硬笔书法	巧手奇迹 巧手折纸 梨园春苗 缤纷画社 七彩梦画	思维导图 奇思妙想 创客联盟
三、四年级	基础课程	所有学科	体育 安全 心理 劳动	道德与法治 综合实践 班队会	语文 英语	音乐 美术	数学 科学 信息技术
	拓展课程	生涯规划 研学、游学 笃志课程	体育节 整理节 足球 家务劳动	养成教育 升旗 开学 散学 规范课程	经典诵读 读书节 英语周 天地格 阅读工程	口风琴 艺术节 管乐 科幻画	冥想课程 科技节
	个性课程	鼓号队 赤子之心 抗压高手	足球小将 追风少年 小小烹饪师 羽你同行 巧手编织	中华文明 雅韵盈耳 交往礼度	趣绘悦读 兰馨吟诵 创意绘英 记者站 儿童诗创作	剪影时光 木光之城 燕语莺声 聚舞空间 奇泥妙想 奇思童创	思维导图 冲上云霄 动漫家族 数迷园

(续表)

年段	课程结构	习志课程	习体课程	习礼课程	习文课程	习艺课程	习慧课程
五、六年级	基础课程	所有学科	体育 安全 心理 劳动	道德与法治 综合实践 班队会	语文 英语	音乐 美术	数学 科学 信息技术
	拓展课程	生涯规划 研学、游学 笃志课程	体育节 整理节 篮球 社区服务 环保	养成教育 升旗 开学 散学 情商课程	经典诵读 读书节 英语周 天地格 诗文荟萃	口琴 艺术节 艺术通识	冥想课程 科技节
	个性课程	赤子之心 逆商智慧 守志笃行	旋影国球 灌篮高手 尚德武道 长空武社 轻舞飞扬 心有灵犀 瑜乐伽油站	雅韵盈耳 小小外交官 明德惟馨	唇枪舌剑 天一书院 客家风华 墨缘堂 书海拾贝 群"英" 荟萃 Drama Club	美时美刻 开心陶吧 聚舞空间 墨韵飘香 奇思童创	头脑风暴 3D创意画坊 小课题研究 机器人

(深圳市坪山区中山小学　高淑琳　张希凯)

第四章
激活生命的成长内驱力

我们提供多样化的学习资源和支持,让每一次体验都成为孩子们成长的烙印。我们在课堂教学中巧妙地运用"六感"策略生动显明地呈现知识,通过学科课程实施全方位习性渗透和培养,通过丰富的社团活动促进儿童挥洒个性、展现特长,通过研学旅行鼓励孩子在广阔的世界里用脚步丈量生命的宽度与深度,通过校园节日增强文化自信,通过项目学习培养创新能力,精心创设显明可感知的学习环境和空间等,发掘儿童内在的无限可能,触发他们内心深处的学习期待,以此激活生命的成长内驱力。

第一节 ┃ 课堂教学：酝酿学习激情，触发学习期待

遵循学习是一种嵌入身体和环境的活动，鼓励学生通过听、看、闻、触、做等方式感知经验，强调身心融合的参与和体验，继而大胆进行实践探索，构建习性课堂一般模式，实施具身学习，运用"六感"（视、听、嗅、味、触、意）策略，创新实施国家课程。

习性课堂基于习性教育理念，将学生习性的养成放在重要位置，而实现学生良好习性养成的主阵地在课堂。习性课堂秉持"环境唤醒、习性主导、动静相融、学思结合"教学理念，在教学中关注学生的学习习性，重视学生的学习兴趣，以学生发现问题、提出问题为教学缘起，创设显明可感知的学习环境，实施以"六感"调动（视觉输入、听觉联动、嗅觉刺激、味觉诱发、触觉体验、意觉唤醒）为教学方法，以独立自主、合作交流学习为组织形式的"习性助学"策略，在培养学生良好学习习性的同时完善学生性格，健全学生人格，实现个体的多维多元发展。

一 习性课堂的价值追求

学习知识，是课堂的主要目的，但更多的应该是一种手段：利用知识的教授，教给孩子学习方法，更确切地说是培养孩子学习的习性。小学教育很大程度上就是培养孩子的学习习性，为孩子未来的学习和人生发展奠定坚实的基础。学习习性是培养终身学习能力的最重要的因素，所以在课堂上着重培养孩子的习性显得尤为重要。从短期目标来看，学习习性的情况直接决定了孩子知识掌握的程度；从长远目标来看，甚至直接决定了孩子的未来发展。

我们构建习性课堂，就是着力培养孩子的学习习性，着眼于孩子未来的发展。在习性课堂上，以"习性"为切入口和生长点，聚焦人的习性养成、性格完善，突破传统课堂只重智力因素、以传授知识为导向、忽略非智力因素育人功能的弊端，力求在习性教育理念下培养学生的必备习性与品格和关键能力。

二 习性课堂的核心理念

(一) 概念

习性课堂模式：根据学科教学特点，关注学习习性，通过"六感"调动策略创设显明可感知的学习环境，引导学生在小组合作与自主学习中梳理学习方法，落实有效学习，积习成性，唤醒学生自主意识和学习期待，落实高效学习。

(二) 教学理念

1. 环境唤醒

教育学家简·豪斯顿在《教育可能的人类》中说："孩子们跳舞、品尝、触摸、听闻，观看和感觉信息，他们几乎能学一切东西。"课堂中注重显明可感知学习环境的创设，引导学生动眼、动口、动手、动脑，通过问题情境、研讨话题、实践任务、实验探究、案例分析、主题创作等活动，通过听一听、看一看、嗅一嗅、摸一摸、尝一尝、品一品等方式，营造可视、可听、可嗅、可味、可触、可意的学习环境，促使学生多种感官协同学习，从而引发心灵的共振，激活思维的火花，从而唤醒学生的自主意识，进一步触发学习期待，提升学习动力。

2. 习性主导

习性主导即课堂中全程关注学习习性的养成，以良好习性培养作为教学目标、教学策略与手段等教学活动的导向。教师有意识地循环往复地培养、提升、巩固学生良好习性，促进良好习性的内化，使之成为自觉，以达成有效学习甚至高效学习。"知行合一，积习成性"，习性与学习相互作用，相辅相成。"你中有我，我中有你"，营造出"人面桃花相映红"的美好意境。

3. 动静相融

动静相融指课堂中采用合作探究与独立自主相融的学习方式，凸显学生主体地位，让学生成为学习的主人，学会学习，善于学习。

4. 学思结合

"学而不思则罔，思而不学则殆。"有思考的学习才是有质量的学习。课堂中要重学重思，通过视觉输入、听觉联动、嗅觉刺激、味觉诱发、触觉体验、意觉唤醒，调动多种感官，激活思维，营造思考的氛围，给予思考的空间，老师再辅以引导、点拨，使学生善学善思,在学与思相辅相成、相互塑造中使学生思维获得应有的发展,学习素养不断提升,个体生命得到成长。

三 习性课堂的动力系统

(一)情绪调动

通过显明可感知的手段,调动学生的感觉和知觉,使学生集中注意力,以饱满情绪投入学习。

(二)情境促动

重视营造显明可感知的学习氛围,通过"六感"调动教学策略创设良好的学习情境,以调动学生原有认知,唤醒思维,启迪思想,促进学习的有效性。

(三)问题驱动

精心设计问题,培养学生敢于提问、善于质疑的品质,驱动学习。

(四)工具撬动

运用有效工具,如思维导图、实物工具、数字平台等,作为学习的脚手架,让学生多感官协同,使内隐思维外显化、显明可感知,增加学习的实际获得。

(五)同伴互动

学习过程中增强师生互动、生生互动,尤其是小组合作方式下的生生互动,引导学生在互动、交流、碰撞中突破重难点,激发学习内驱力与潜力,培养成就感与自信心,提升能力。

四 习性课堂的结构

习性课堂由"习性准备—习性助学—多维习得"三大板块组成,形成习性课堂的一般模式。教学中以三大板块为课堂结构框架,每个板块根据教学内容自主选择具体流程与策略。这是非流程化课堂模式,是一种具有较高自由度和宽容度的课堂模式。

(一)习性准备

习性准备包括物品、情境、情绪、情感的准备,如讲桌黑板的整理、学生座位的调整、学习用品的管理、学习情境的创设、学生的情绪调动、情感的铺垫、学习兴趣的激发、求知欲的驱动等。利用图片、故事、音乐、视频、游戏、实验、生活情境等有效手段，创设可视、可听、可嗅、可味、可触、可意的学习环境，以此酝酿学习激情，触发学习期待，激发学习动力，使得"未成曲调先有情"。

（二）习性助学

坚持以学生的学为中心，秉持"环境唤醒、习性主导、动静相融、学思结合"教学理念，以自主学习与合作探究为组织形式，以"六感"调动为主要教学策略，促进有效学习，提高教学质量。

（三）多维习得

学生通过课堂的有效学习提升学科素养，养成良好学习习性，获得情感体验与思维发展，形成正确人生观、价值观和世界观，这就是多维习得。这可以概括为"三得"：得基，习得学科基础知识和基本技能；得法，习得学习方法；得情，达成情感态度价值观目标。

在习性课堂模式下，教师帮助学生调整好情绪，营造学习氛围，让学生进入学习状态，做到注意力集中、参与课堂、主动思考、积极学习，以此培养学生坐姿端正、认真倾听、文明发言、合作有序等显性习性；同时通过"六感"调动教学策略，创设可视、可听、可嗅、可味、可触、可意的学习环境，帮助学生获取知识、提升素养，形成正确的情感态度、人生观、价值观，从而培养学生大胆质疑、猜测推理、综合分析等隐性习性。学生在课堂中内化了学习习性，提升了学习素养，升华了精神生命，获得多维多元的熏陶与成长。真是"忽如一夜春风来，千树万树梨花开"！

五 习性课堂的教学策略

习性教育提出"六感"教学策略，认为可感知的教育教学环境创设必须有利于激发人的"六感"，充分调动学生的感官共同参与学习，促进学生身体力行、具身学习，达到最佳学习效果。这6种感觉分别指视觉、听觉、嗅觉、味觉、触觉、意觉，由我们所熟知的5种感官产生的感觉和激发思维的意觉组成。我们认为，无论哪种感官产生感觉，最终都是为了唤醒意觉，进而独立思考、质疑，实现自主学习、自我认知。

(一) 环境创设

情境是具身教学活动实施过程中认知发生不可缺少的一个因素,认知依附于特定的情境。设计多维的教学情境、促进身体的体验认知是具身教学活动的必要原则,有助于提升身体与情境的交互效果。

教学环境分为显性环境和隐性环境。那么除了外显性的环境布置、物品准备,如何为学生准备激发学习期待和兴趣的隐性环境呢?我们结合麦拉宾法则对隐性环境的准备做出指导、评价。麦拉宾法则指出人们在进行语言交流的时候,55%的信息是通过视觉传达的,38%的信息通过听觉传达,只有7%来自纯粹的语言表达。(见图4-1-1)因此我们倡导教师要注重通过自己的手势、表情、外表、装扮、肢体语言、仪态等提升视觉输入效率,通过说话的语调、声音的抑扬顿挫等提升听觉联动效率。

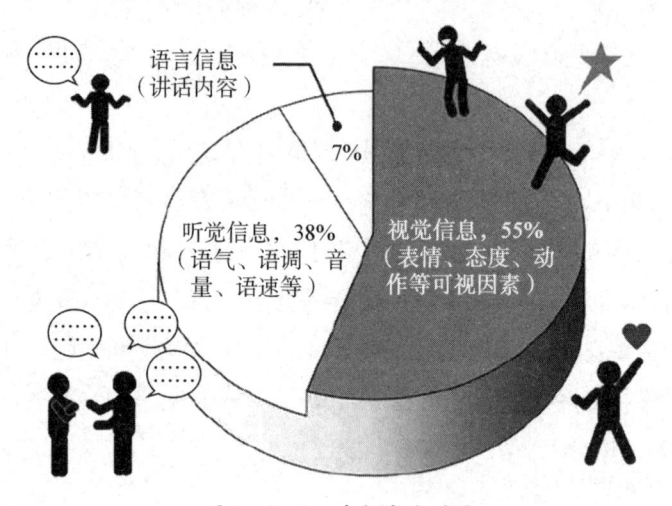

图4-1-1 麦拉宾法则图

(二) 具身学习

具身学习是一种全身心参与、身心融合的多感官学习,它将"身体参与"置于学习活动的核心位置,学习是具身性的活动,只有学生亲身去经历、去探索和去体验,才称得上是学习。与传统教学活动相比,具身教学过程更关注学习者的状态及身体的运用。

为了解决教师满堂灌、生硬教的问题,我们以学生发现问题、提出问题为教学缘起,创设显明可感知的学习环境,以"六感"调动为策略,以独立自主、合作交流学习为组织形式,创新实施国家课程,促进学生具身认知,帮助学生完善性格、健全人格,促进自主发展、习与性成,见表4-1-1。

表4-1-1 "六感"调动教学策略

"六感"应用	策略	效果
视觉输入	通过图片、图解、图表、多媒体画面、实物、真实场景、学生作品等方式输入,包括动静、大小、形状、颜色、方向、数量、具象等。	增强感觉冲击,获得直观感知与体验,激发想象,唤起情感体验,触发学生发现、质疑等。
听觉联动	通过音响(音乐或自然音响)、语言声音的强弱、旋律、节奏等进行渲染。	
嗅觉刺激	通过气味刺激嗅觉感官,感受芳香型、臭型、刺激型、烟雾型等不同气味。	
味觉诱发	通过舌头品尝感受味道、口感、性质等。	
触觉体验	用手等肢体进行触摸,体验物的形态、性质、特征。	
意觉唤醒	调动多种感官协同学习。	

(三) 教学案例

1.《二十四节气歌》教学设计(义务教育统编教材二年级下册《语文园地七》日积月累)

[教材分析]

《二十四节气歌》旨在通过歌曲的形式让学生掌握各节气名,但这样的记忆是短期的,学生难以理解二十四节气的由来、气候特点和文化。

[学情分析]

二年级学生的认知发展与直接的感性经验密切联系,需要通过直观的展现、丰富的活动,让学生在充分的体验中了解与节气相关的知识。

[教学目标]

能背诵《二十四节气歌》,了解各节气的产生原因及节气特点,感悟优秀传统文化中的美与智慧。

［教学重点］

背诵《二十四节气歌》。

［教学难点］

了解二十四节气的产生原因及节气特点。

［授课对象］

二年级

［教学方法］

(1) 情境式

二十四节气不只是单薄的 24 个名称，还有厚重的风俗文化、有趣的气候特点，以及对节气由来的探究思索。这些感知的习得需以情境创设为依托，需充分调动学生感官，实现具身学习，达到习与性成，见图 4-1-2。

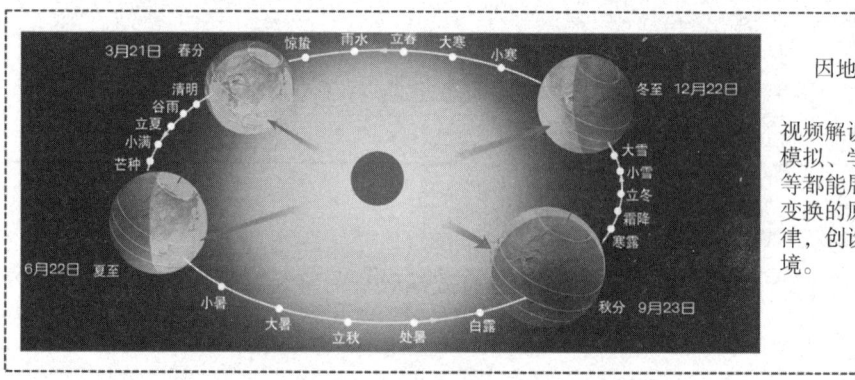

因地制宜

视频解说、实物模拟、学生扮演等都能展示节气变换的原因和规律，创设真实情境。

图 4-1-2 《二十四节气歌》情境式教学

(2) 直观式

用数轴直观形象地展示二十四节气与地球公转之间的联系，调动学生的视觉、意觉，让学生感受用数学模型表达生活事物，激发学生的想象和创造欲望，见图 4-1-3。

(3) 体验式

通过模拟、感受地球公转时的日照变化，并向伙伴讲述二十四节气的由来，调动学生视、听、触等多种感官，以丰富的活动经验为学生思维的发展作铺垫，见图 4-1-4。

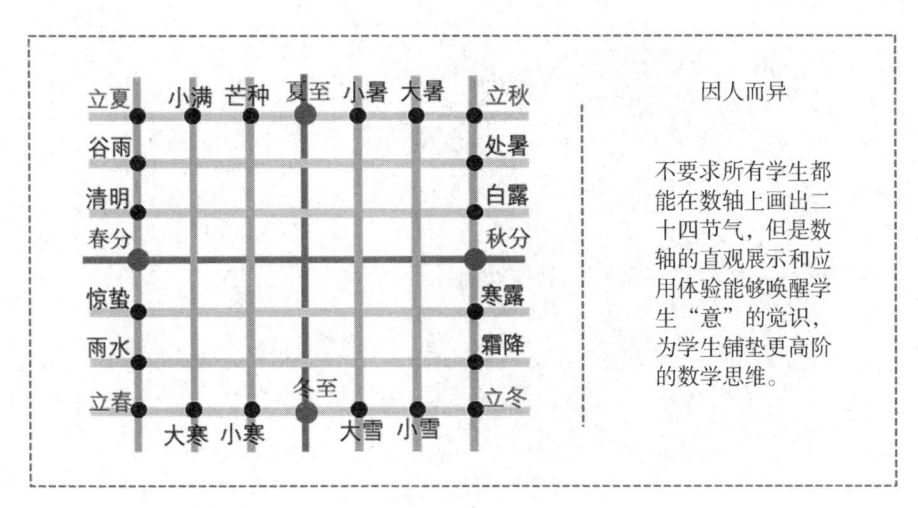

图4-1-3 《二十四节气歌》直观式教学

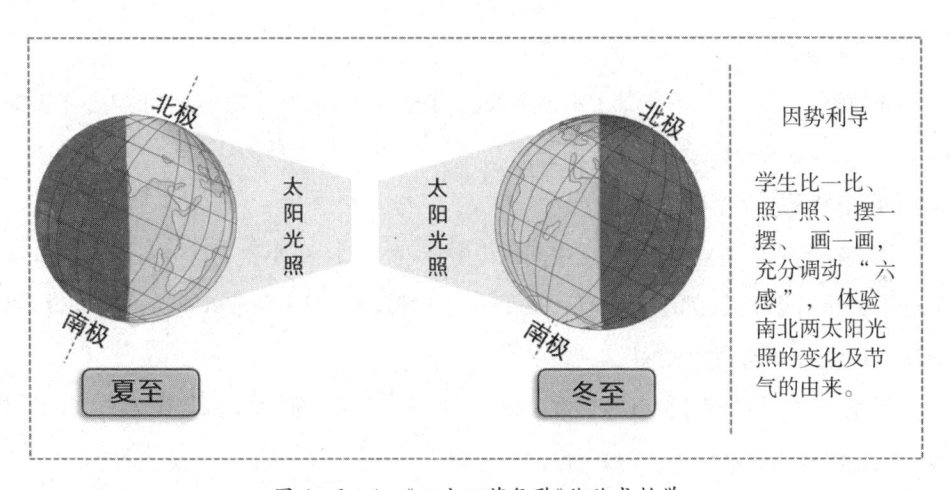

图4-1-4 《二十四节气歌》体验式教学

（4）游戏式

依据环境条件开展节气模拟游戏：可以指名学生扮演太阳和二十四节气，也可以摆凳子布置二十四节气的课室环境，以点名或"抢凳子"的方式引导学生表演节气的气候特征、民俗活动、代表诗词等，感受古人有情、有景、有境的鲜活生活，见图4-1-5。

图 4-1-5 《二十四节气歌》游戏式教学

（5）诵读式

在理解二十四节气的基础上引出节气歌,通过拍手读、听音乐唱读、小组合作表演读引导孩子们在兴趣盎然的诵读中背诵。

[课堂片段]

（课前,老师调整桌椅摆放,在中间留出空地,摆上 24 张小凳子,围成一圈;准备与节气有关的当季物品[如小麦、地瓜、杏花等]、地球仪等,展示与节气有关的诗词,构建显明的环境,调动学生"六感"。）

师:同学们,你们听过"万物皆数"这个说法吗?刚刚我们讨论的二十四节气,老师可以把它们都变成数学上的"数",你信不信?

师:老师得先介绍一位熟悉的朋友——数轴(展示数轴画面)。

师:国学经典《道德经》里面有一句话:"道生一,一生二,二生三,三生万物。"(同时出示 PPT)"万物"在哪里?"万物"都可以表达在这张网格里面,这张网格就像一个抽象的宇宙。我们一起闭上眼睛想象一下,感受一下。

师:刚刚我们通过活动了解到,二十四节气是通过观察日照变化而得出的自然节律,那谁能想想办法在这张网格上表达出日照的变化呢?

生:我们可以在数轴的中心画一个点代表太阳,在网格里面画一个动态的点代表地球,围绕太阳旋转。

师:说得太好了!不错,在网格里,当地球和太阳在一条水平线上,这就是"春分"和"秋分";当地球与太阳的位置垂直,则为"夏至"和"冬至"。

师:接下来,请同学们自己动动脑筋动动手,试试把其他的20个节气画出来。

……

师:经过大家的努力,数轴上的二十四节气都被我们画出来了。在这个我们自己创造的数学世界里,你是不是也感受到了"春有百花秋有月,夏有凉风冬有雪"呢?

师:接下来,老师想跟大家玩一个游戏!大家猜猜,这些围成一圈的小凳子是干什么的?有多少张小凳子?快数数。

生:有24张小凳子,代表二十四节气!

师:真聪明!老师现在站在小凳子的中心,那老师就是"太阳",老师左边这张凳子代表"春分"。接下来,老师要请一名同学上来"抢凳子",抢到了代表哪个节气的凳子,同组的小伙伴就要把这个节气"演出来",好不好?

……

师:恭喜小明同学抢到了"惊蛰"!我们看看他的小伙伴们怎么"表演"惊蛰呢……哦!"轰隆隆"一声春雷,把冬眠的虫儿都惊醒了!你演得太好了!称得上"淋漓尽致",让我们听到了、看到了、感受到了"惊蛰节到闻雷声,震醒蛰伏月冬虫"。

……

师:诶?小宇同学提议他来表演一个节气让大家来猜,他还想借老师带的地瓜呢!让我们看看他的表演……这是什么节气大家猜到了吗?哦!立夏!"立夏前后栽地瓜",小宇不仅让我们看到了"立夏",还让我们"闻到了"立夏的香味呢!

2.《开天辟地的大事》教学设计(义务教育统编教材五年级下册第三单元第九课《中国有了共产党》话题)

[教材分析]

教材列举了中国共产党成立过程中的相关史实和主要人物,但没有呈现出中国共产党救亡图存的历史背景和艰辛历程,很难让学生真正认识中国共产党成立的意义。

［学情分析］

五年级学生可能对马克思主义、"五四运动"等有一些模糊了解,但当时的历史背景与他们现今相差甚远。文本无法让学生感同身受,学生需要通过直观感受、活动体验了解中国共产党成立的意义。

［教学目标］

了解马克思主义在中国的传播及"五四运动"的相关史实,知道中国共产党的创建是历史的必然选择。

［教学重点］

了解近代中国"百年屈辱"的史实及中国共产党救亡图存的艰苦探索。

［教学难点］

认识中国共产党成立的意义。

［教学方法］

(1) 微观片段叙事式

发挥影视作品直观、通俗等优势,结合史料、配以解说,剪辑影视素材成微观片段,为学生呈现出满目疮痍的旧中国,还原出一个个鲜活的历史人物。甲午战争中打得北洋舰队全军覆没的炮火,要让学生听到;李大钊等人以血肉之躯劈开混沌,他们的怒发冲冠和大义凛然,要让学生看到。目的是引发学生思考与讨论:为什么只有共产党才能救中国?

(2) 教材剧本化

共产主义的火光照彻万古长夜,如何让这光明也照到孩子们身上?死记硬背不能让学生感同身受,与其让孩子们读历史,不如让他们去"演"历史。围绕李大钊先生"为中国寻找一个真理"的一生,在角色扮演的过程中,让孩子们真真切切地感受到:教材上他们用笔画过的句子,就是李大钊先生不平凡的一生;那慷慨激昂的誓词,就是先生毕生的信仰和践行。

(3) 演讲互动式

话语是表达情感、深化思考的工具。共产主义的信念传承,可以由学生的话语体系来承载。以"强国有我,请祖国放心"为主题,让学生在演讲中分享、感受和总结提升,培养学生坚定的爱党爱国情感,达到习与性成。

3.《分数的再认识(一)》教学设计(北师大版五年级上册第五单元第1课时)

[教材分析]

在《分数的再认识(一)》一课中,学生需要通过实例概括出分数表示整体与部分之间关系的意义,进一步理解分数表示多少的相对性。课本中创设的情境以推理表达为主,生活实例较少。

[学情分析]

五年级的学生已经初步了解了分数的意义,具备了独立思考、动手实践的能力,但是无法快速判断整体"1"出现的不同情况,需要创设具体的、可感知的教学活动,帮助学生推理出整体"1"。

[教学目标]

结合具体情境,经历概括分数意义的过程,理解分数表示多少的相对性,能够由部分推理出整体。

[教学重点]

理解分数表示多少的相对性。

[教学难点]

理解整体"1",能够由部分推理出整体。

[教学方法]

(1) 直观式

数轴里蕴含着分数,浅灰色的这一部分表示四分之一;将数轴每一象限平均分成4份,一共有16个格子,浅灰色的格子占所有格子的四分之一;再将每一象限平均分成16份,一共有64个格子,浅灰色的格子依然占所有格子的四分之一。借助数轴这一直观的数学模型,调动学生视觉与意觉,让学生直接看到、体会到分数的意义,见图4-1-6。

(2) 体验式

组织学生以4人小组为单位,用课前准备好的实物(比如:若干个苹果、一盒草莓、100厘米长的卷尺、一袋花生等等)表示出相应的分数。如:出示一个分数二分之一,有的小组取出一袋苹果的一半表示;有的小组用半盒草莓来表示;有的小组取卷尺中的50厘米表示。通过丰富的实物举例,调动学生视觉、嗅觉、触觉,体会分数与生活的

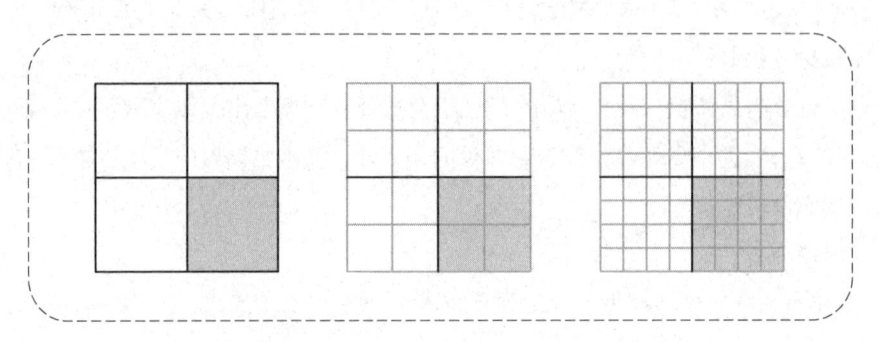

图 4-1-6 《分数的再认识(一)》直观式教学

密切联系,深刻理解分数中"部分"与"整体"的关系,见图 4-1-7。

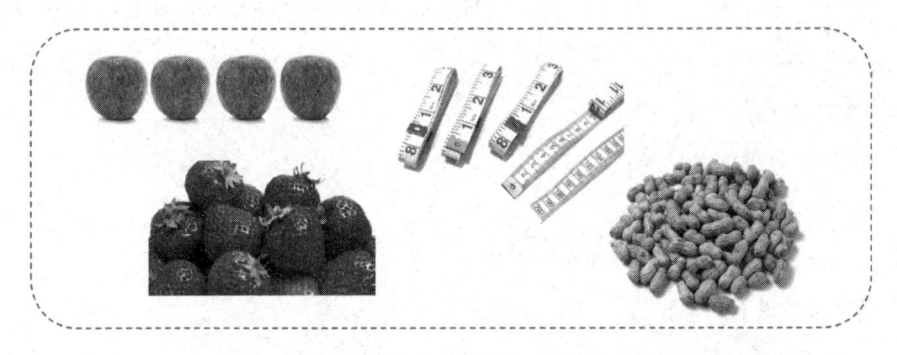

图 4-1-7 《分数的再认识(一)》体验式教学

(3) 游戏式

根据分数的意义开展游戏,让学生在游戏中体会,对于同一个分数来说,整体的数量不同,对应部分的数量也不同。老师抽取一个分数,如:男生占总人数的四分之一。男生和女生迅速组队,人数可以是3女1男、6女2男、12女3男等,引导学生发现每一组的总数不同,男生的数量也不同,但都能用四分之一表示,见图 4-1-8。

4.《红绿灯》教学设计(中山小学综合实践校本课程)

[教材分析]

本课是基于我校"六习"课程体系和"六感"教学策略,针对三年级学生设计的"如何帮助红绿色盲人士过红绿灯"综合实践探索活动。

图 4-1-8 《分数的再认识(一)》游戏式教学

[学情分析]

三年级学生具有一定的直观和抽象意识,但就如何运用视觉输入策略来解决生活实际问题,缺乏相关的活动经验。

[教学目标]

1. 在设计红绿灯帮助红绿色盲人士过马路的过程中,初步体会视觉输入在解决生活问题中的应用,达到习慧目标。(核心目标)

2. 发散学生思维,培养学生的应用意识和合理安排实践的意识。

[教学重点]

能够运用视觉输入策略来解决生活中的问题。

[教学难点]

培养学生解决问题、实践运用能力。

[教学方法]

(1) 情境式

红绿灯不仅是交通信号灯,还有关于颜色选择的学问。这些感知的习得需以情境创设为依托,需充分调动学生感官,实现具身学习,达到习与性成。

(2) 直观式

用图片和视频直观地展示红绿灯在生活中的作用,调动学生的视觉、意觉,感受视觉输入与生活事物之间的联系,激发想象和探究欲望。

六　习性课堂的学科教学模式

不同学科及其不同内容具有不同的知识特点,学科教学应根据此特点进行多样化的具体教学实践探索。

语文、英语:语言教学基于语言的时空性、场景性特点,强调把语言还原为具体的、情境的和特定时空的再现,走向意义的通达。语言教学重点采用"六感"策略创设情境式教学、活动式教学等。

数学:数学的本质是一种关系模型,涉及符号式学习和以实际问题解决为核心的应用性学习,采取直观式、生活化、实践性教学,培养学生实践能力及概念思维能力。

道德与法治:思政课内容具有严密的理论体系,针对小学生形象思维特点,运用"六感"策略,强调微观叙事式、案例式及研究性、体验式、实践性教学等,增强学生直观感受。

艺术:注重情感渲染,强调通感教学及跨学科教学,多侧面强化情感体验和综合审美;采用主题式创作教学,激发学生想象力。

科学:注重手脑并用,运用"六感"策略,强化体验式教学、生活实践探究教学及实验教学。

体育与健康:注重场景设置,强化体验式、游戏式教学及生活实践教学,激发学生体育兴趣及感官、心智发展。

劳动教育:重视劳动场景设置,强化"五育"融合教育,以劳润德、启智、健体、育美。

信息科技:注重环境创设,强化应用信息技术解决生活与实践问题;突出主题设计教学,启发学生想象力。

七　习性课堂的组织形式

采用"动静相融"的学习方式,即合作探究与独立自主相融。合作学习是一个交往的过程,是一个互动的过程;而独立思考则是一个自主的过程,是一个内化的过程。在教学中做到"动""静"结合,"存异"与"求同"结合,充分凸显学生主体地位,让学生成为学习的主人,学会学习、善于学习,从而达到课堂教学的最佳效果。

(一) 独立学习

静能生慧,真正有效的思维训练是在"静"中完成的,思维的极限也是在"静"中挖掘出来的。学生的个性化学习、独立学习、自主学习、静思与质疑,都是一种静态的有效学习。

(二) 小组合作

小组合作学习是新课程倡导的学习方式。此方式能充分发挥学生自主性,学生通过合作、探究,同伴互助、互学,共同提高。合作流程可概括为"五个一"。

1. 问一问

老师或学生提出一个有价值的问题(或学习主题),通过学习单、课件或口头表述,发布明确的学习任务和要求。

2. 想一想

学生根据任务独立静思,进行个体化自主学习,对学习任务有自己的初步思考。

3. 议一议(练一练、做一做)

学生根据任务进行合作学习,小组长组织成员针对学习任务共同交流、探讨(或练习、创作),形成比较完善的结论、观点(或作品、标准动作)。

4. 说一说(展一展)

以小组为单位上台汇报分享小组意见(或作品),其余小组进行评价与补充。

5. 评一评

学生或老师对小组汇报情况进行评价、总结,得出完整的结论。

(三) "小老师"带学

我们借鉴费曼学习法中演绎出来的学习金字塔理论,以教促学,教学相长。学习金字塔理论认为主动学习效率远远高于被动学习,尤其是教授给他人的学习方式,学习效率达到90%。因此,我们大力推行"小老师在行动"的活动,充分让孩子身体力行地参与到学习中来,见图4-1-9。

在一个班级里,总有一批知识储备、学习能力或者组织管理能力突出的学生,我们充分鼓励这些能力突出的学生担任"小老师",带领或指导其他同学共进。"小老师"带学情况大致分为以下几种:知识储备丰富的孩子讲述相关知识点,学习能力强、接收快

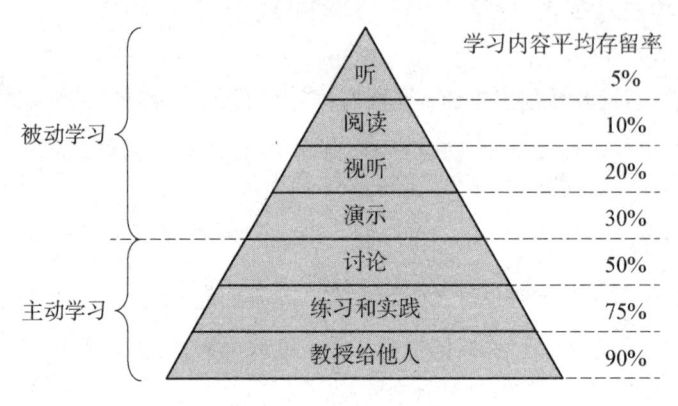

```
                          学习内容平均存留率
                听          5%
   被动学习  ┤   阅读        10%
                视听         20%
                演示         30%
                讨论         50%
   主动学习  ┤   练习和实践    75%
                教授给他人    90%
```

图 4-1-9 学习金字塔图示

的孩子讲述学习方法,班队会课或者综合实践课上中队长作为主持人组织全班同学开展学习,小组合作中能起到学习引领作用的小组长组织小组开展学习,科代表作为教师助手收集整合全班学习情况,及时反馈学情等。

在教学《二十四节气》的实际过程中,中山小学把二十四节气主题融合进校本课程,各个年级的孩子们围绕节气主题,开展了多种内容、多种形式的探究活动,将自己的学习成果进行汇报展示。

学生当"小老师",分组汇报、全员展示,联系生活、链接古今、契合新时代,呈现了芒种、秋分、冬至、谷雨4个节气的物候、成因、诗词、农事、地域习俗等相关知识,通过介绍、朗诵、科学小实验、角色扮演等具身学习活动,充分调动视觉、听觉、触觉等多种感官,唤醒意觉。课堂在六年级主题汇报"不同地域节气民俗"时达到高潮,身着清新浅绿衣衫的六年级学生呈现了中国宝岛台湾地区谷雨的相关习俗,并以一首《七子之歌·台湾》的诗歌诵读结尾,触动全场每一个人的心灵。在这堂课中,学生的文化自信、家国情怀、科学精神悄然生长。

八 习性课堂评价方式

习性课堂评价以"教师习性""学生习性"为观测点进行课堂评价,课堂不仅聚焦教师的"教",而且关注教师如何发挥自己的"引""导""点""拨"作用,培养学生习性;课堂不仅聚焦学生的"学",而且关注教师是否通过创设显明可感知环境,调动学生眼、耳、鼻、舌、身多感官参与,激发学生大脑思考,并建立习性目标体系,有计划有意识进行习性养成训练。习性课堂评价关注学生良好的习性如何助力有效学习,有效学习如何促进良好习性形成,唤醒其自主意识,提高课堂教学的实效性,见表4-1-2。

表4-1-2　中山小学习性课堂评价表
授课教师：　　　班级：　　　授课内容：　　　授课时间：

评价项目	评价环节	评价内容	评价指标	评价结论（改进建议）	评价打分
教师习性	习性准备	形象仪表（5分）	衣着打扮。		
			语气语调语速。		
			情绪投入。		
		课前准备（5分）	对学生的准备、姿态等习性的关注。		
			对学生学习情绪的关注。		
		导入设计（5分）	调动学生的学习兴趣。		
			紧扣本课主打习性。		
	习性助学	教学语言（10分）	符合学生年龄特点。		
			富有启发性、诱导性。		
			解决问题的有效性。		
		教学方法（20分）	主打习性体现明显。		
			动静相融的教学手段。		
			学思结合的学习氛围。		
		教学环节（10）	由易到难,层层深入。		
			连贯有效,水到渠成。		
			思维性强,合乎逻辑。		
		课堂组织（20）	关注学生合作、讨论、发言、探究、静思等学习习性的养成。		
			对课堂秩序的把控。		

(续表)

评价项目	评价环节	评价内容	评价指标	评价结论（改进建议）	评价打分
多维习得		教学设计（10分）	设计的完整性。		
			设计亮点。		
			预设是否生成。		
		目标达成（10分）	知识目标的完成度。		
			教学重难点的解决。		
			主打习性的体现。		
		课堂总结（5分）	学生对知识的掌握与运用。		
			课堂小结情况。		

评价项目	评价内容	改进建议	评价打分
学生习性	用品准备(5分)		
	学习兴趣(10分)		
	情绪态度(10分)		
	举手发言(15分)		
	倾听思考(25分)		
	交流讨论(20分)		
	书写坐姿(15分)		

教师习性得分：_____　　学生习性得分：_____　　本节课综合得分：_____　　评价人：_____

第二节 ｜ 学科课程：深化概念思维，培养实践能力

在习性教育"六习"课程体系的建设中，我们把立德树人的根本任务细化到学校的每一堂课、每一次行动，培养学生成为具有人文底蕴、科学精神、学会学习、健康生活、责任担当、实践创新等六大素养的"健康、文明、智慧、高雅"的人。

学校有效落实基础课程，开齐门类，开足课时，学生全员参与。同时，我们将国家基础课程与习性教育培养目标相结合，通过全学科、全方位的渗透，让学生在国家与地方课程学习中，努力夯实核心素养的文化基础、养成良好习性，获得正确的人生观、世界观和价值观，为一生的发展奠定坚实的基础。

一　习性学科课程的建设路径

根据各学科的师资力量，学校倡导教师在国家课程校本化实施的基础上总结经验，以某门学科为原点，设计基于该学科特色的 $1+x$ 课程群。1是教师所教授的国家基础课程，x 是指教师根据国家课程开展的拓展课程和个性课程，是基础课程的拓展和延伸，见图4-2-1。

1. 语文学科课程群建设。语文科组老师在落实小学语文核心素养培养目标的基础上，结合我校习性教育六习课程里习文目标中的习言、习字、习作模块，借助拓展课程和个性课程，以培养学生从小练就"一口好话，一笔好字，一手好文"为目标，开发了涵盖经典诵读、天地格、天一书院等9门课程的语文学科课程群。

2. 数学学科课程群建设。数学科组老师通过对数学知识体系的整体构建、学科融合、资源建设，探索全息视野下的小学数学教学，试图让数学教育有学科图景，有知识网络，有人文融通，开发了涵盖"计算与数据""空间与量感""逻辑与思维"三大模块，数独、数轴坐标、全息数学等6门课程的数学学科课程群。

3. 英语学科课程群建设。英语科组教师依据英语课程标准，结合英语学科核心

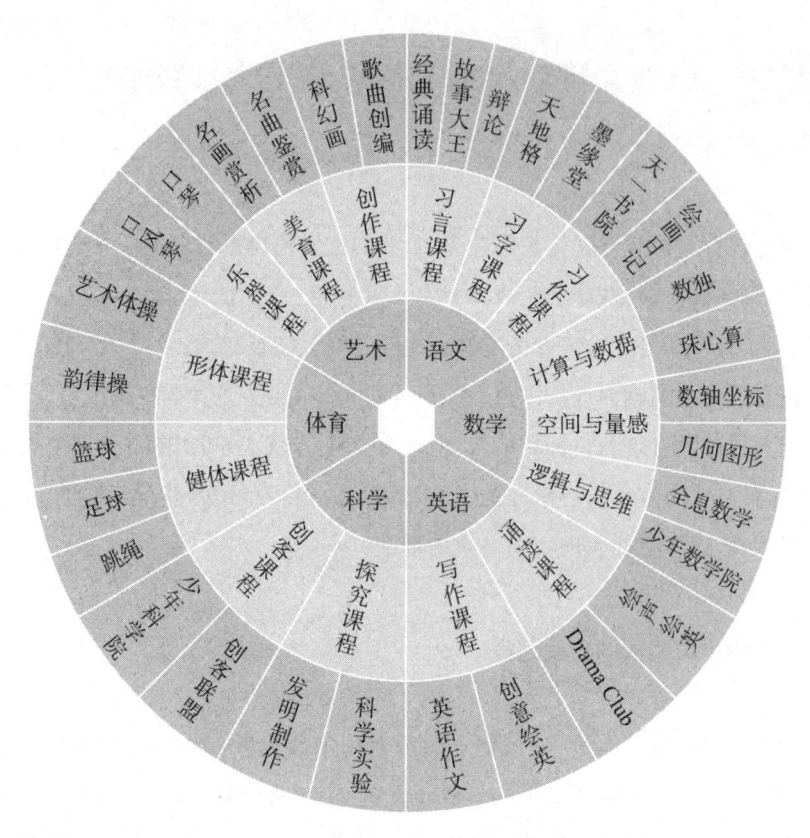

图 4-2-1 "习性学科"课程群

素养的培养目标，依托我校学生学情，依靠学校活动开展，开发了涵盖"诵读""写作"两大模块，绘声绘英、Drama Club、英语作文等 4 门课程的英语学科课程群。

4. 科学学科课程群建设。为培养学生静心思考、学会质疑、合作探究、谋求创新，科学科组教师结合我校习性教育"六习"课程中习慧目标，借助拓展课程和个性课程，开发了涵盖"探究""创客"两大模块，科学实验、发明制作、创客联盟等 4 门课程的英语学科课程群。

5. 体育学科课程群建设。为培养学生良好的身心，帮助学生塑造体健、体勤、体美，体育科组教师在落实小学体育与健康核心素养培养目标的基础上，基于国家课程和学生学情，开发了涵盖"健体""形体"两大模块，跳绳、足球、篮球、艺术体操等体育学科课程群。

6. 艺术学科课程群建设。为提高学生的艺术素养及审美能力，激发学生对艺术的热爱之情，培养学生成为高雅之人，艺术科组老师基于国家课程和学生学情，开发了涵盖"乐器""美育""创作"三大模块，口琴、名画赏析、科幻画等6门课程的艺术学科课程群。

二 习性学科课程的组织形式

学校实施常规编班，落实基础课程。拓展课程和个性课程在实施过程中主要以活动开展和复式教学的形式进行组织。

（一）活动开展

开展丰富活动，充实拓展课程。拓展课程作为基础课程的有效补充，为学生提供了展示学科知识的平台，以各类丰富多彩的活动开展为主要形式，包括节庆类课程、假日类课程、实践类课程、养成课程四大类，营造轻松愉快的学习情境，寓教于乐，促进学生在游戏化的活动参与中养成良好的学习习性和生活习性，达到育人效果。

节庆类课程如读书节，学校每年的读书节涵盖了天地格书法比赛，一至二年级（亲子）讲故事比赛，三至四年级演讲比赛和阅读知识竞赛，五至六年级辩论赛及读书分享会，三至六年级现场作文大赛、经典吟诵比赛、英语课本剧、英语配音大赛等等。这些项目和平台很好地将学生在课堂上学到的知识展示了出来，起到了很好的榜样作用，激励了更多的学生。

实践类课程形成了三维教学模式，一是学科实践教学模式，即在语文、数学等学科中采取实验教学、活动教学或项目式学习等，深化学生概念思维，培养实践能力。二是构建专题式或主题式的校内实践活动教学模式，形成了以五大节及一日生活为主题的100多项实践活动。三是社会实践活动教学模式。学校与比亚迪、中芯国际等高科技公司合作，共建社会实践教育基地，采取参观、体验及活动等学习方式，培养学生科学探究能力。

养成课程如健体教育，学校每年都会举办一次全校性的运动会，设置跳绳、踢毽子、跑步及球类等各项竞赛，争取让全校的学生都能参与其中，展示自己的运动强项;每个学期都会举办班际的体育联赛,如篮球、足球,让有这方面特长的学生为班级争光,形成良好的体育氛围,让更多的学生参与到体育锻炼中来,更好地实施体育教育。

(二) 复式教学

依托复式教学,开发个性课程。个性课程旨在促进学生特长发展,实行跨年级走班制。由于学生年龄和接受程度有差别,个性课程通常采用复式教学的形式授课,主要包括3种教学形式:教师直接示范、组织和交流的现场教学,学生相互配合、相互辅助、共同练习的小组合作,教师针对学生不同的学习需求、能力发展差异等进行重点指导的个别教学。

京剧是一门高度综合的表演艺术,集唱、念、做、打于一体。我校京剧课程以弘扬中华民族文化为己任,学生通过对京剧的学习,加深对中华民族传统文化的了解和热爱,提高自身综合素养,为全面发展奠定坚实的基础。京剧课程由我校专职音乐教师任课并聘请专业演员长期授课,定期聘请名师——国家一级演员何青贤等老师来给学生做专业提升。除了平时的基本功训练,还注重加强学生对京剧文化知识的积累,帮助学生理解和表演作品。我校教师根据京剧的行当、四功五法、经典名段,自主研发京剧校本教材《京韵童趣》,学生结合社团课同步开展学习,并在全校范围内实施推广京剧课程,打造校园戏曲文化氛围,进一步增强学生的民族自豪感和文化自信心。

学校的礼仪主持社团是品质社团,吸纳了一至六年级的学生,由学校专任教师任教,校外专业老师定期进校培训,培养出了一批又一批主持、语言表演方面的优秀学生,遇学校、社区大型活动,承接了主持、小导游、介绍类的各类语言类项目,获得一众好评。

三 习性学科的评价要素

习性教育学科课程群建设通过建立评估体系来保障其有效实施,其中评价要求应具有以下五项标准:

1. 理念特色鲜明。学科课程具有新颖独特的学科理念,又具有鲜明的学科特色;既与学校课程哲学保持一致,又体现学校的办学理念,尊重孩子的个性特点,保障孩子的全面发展。

2. 目标清晰明确。学科课程群目标指向依据学科课程标准及学校育人目标,基于学校实际,定位高于学科课程标准。清晰明确的课程目标是建设习性教育学科课程的基本要求。

3. 结构层次分明。学科课程结构是课程目标转化为教育成果的纽带,体现一定的课程理念、课程设置的价值取向。层次分明的课程结构确保了整个校本课程的完整性。

4. 门类丰富多样。除规定的国家课程之外,学科课程群中的拓展课程、个性课程丰富多彩,满足学生日益发展的学习需求和多元发展的生活需求。

5. 管理规范有序。在不断实践中细化、深化课程管理,明确课程管理职责,健全课程管理的组织运行系统,从而提升课程品质。

学科评价量化表见表4-2-1至表4-2-6。

表4-2-1 深圳市坪山区中山小学语文学科拓展课程评价量化表

拓展课程名称			
年级		主讲教师	
实施对象		课时总数	
评价项目	评价要求		评价分数
语言水平 (20分)	诵读字音准确,吐字清晰。		
	语气语调富于变化,轻重缓急贴合篇目内容。		
	诵读感情充沛,富有韵味与表现力。		
教学目标 (20分)	目标明确、清晰、螺旋上升。		
	目标多维,含语言能力、思维能力、文化自信。		
	考虑到学力分层,贯彻因材施教的原则。		
课程内容 (30分)	课程教授有梯度,从诵读到理解,层次分明,框架清晰。		
	内容源自中华优秀传统文化。		
	内容与学生生活实际相结合,与社会现代化过程相结合。		

(续表)

评价项目	评价要求	评价分数
学生素养 (20分)	关注学生的语言能力、文化自信、思维品质。	
	培养学生的持久记忆能力、口语表达能力。	
	学习中华优秀传统文化,树立文化自信。	
有效评价 (10分)	评价多元化,关注学生的语言能力习得与底蕴培养,激励学生热爱、传播中华经典。	
评价结论		课程领导小组签字	
建议		课程指导专家签字	

表4-2-2 深圳市坪山区中山小学数学学科拓展课程评价量化表

拓展课程名称			
年级		主讲教师	
实施对象		课时总数	
评价项目	评价要求		评价分数
思维引领 (20分)	教学思路清晰,重点突出。		
	符合学生认知结构,有利于学生思维发展。		
	教学方法具有启发性,以学生为主体。		
教学目标 (20分)	目标明确、清晰、螺旋上升。		
	目标多维,含学习理解、应用实践和迁移创新。		
	考虑到学力分层,贯彻因材施教的原则。		
课程内容 (30分)	内容组织得好,层次分明,教材框架清晰。		
	内容科学、启发性强、突出能力。		
	内容中新科技、新观点、新教学思想含量高。		
学生素养 (20分)	关注学生的学习习性、创新意识、思维品质、学习能力。		
	培养学生具备一定的问题解决能力、情绪管理能力、创新应对能力。		
	培养扎实的基本技能和动手操作能力。		

(续表)

评价项目	评价要求	评价分数
有效评价（10分）	评价可操作性强，方法科学，具有激励性和制约作用。	
评价结论		课程领导小组签字
建议		课程指导专家签字

表4-2-3 深圳市坪山区中山小学英语学科拓展课程评价量化表

拓展课程名称			
年级		主讲教师	
实施对象		课时总数	
评价项目	评价要求		评价分数
语篇研读（20分）	语篇主题和内容清晰、明确。		
	语篇传递的意义积极正向。		
	语篇核心语言及意义传递途径明确。		
教学目标（20分）	目标明确、清晰、螺旋上升。		
	目标多维，含学习理解、应用实践和迁移创新。		
	考虑到学力分层，贯彻因材施教的原则。		
课程内容（30分）	内容组织得好，层次分明，教材框架清晰。		
	内容科学、启发性强，突出能力。		
	内容中新科技、新观点、新教学思想含量高。		
学生素养（20分）	关注学生的语言能力、文化意识、思维品质、学习能力。		
	培养学生具备一定的问题解决能力、情绪管理能力、创新应对能力。		
	培养扎实的基本技能和动手操作能力。		
有效评价（10分）	评价可操作性强，方法科学，具有激励性和制约作用。		
评价结论		课程领导小组签字	
建议		课程指导专家签字	

表4-2-4　深圳市坪山区中山小学音乐学科拓展课程评价量化表

拓展课程名称				
年级			主讲教师	
实施对象			课时总数	
评价项目	评价要求			评价分数
习艺常规 (10分)	倾听习性。			
	演唱习性。			
	演奏习性。			
教学目标 (20分)	目标明确、清晰、螺旋上升。			
	目标多维,聚焦核心素养。			
	考虑到学力分层,贯彻因材施教的原则。			
课程内容 (40分)	丰富审美体验,提升审美情趣。			
	熟练掌握艺术表现的技能。			
	提高艺术实践能力和创造能力。			
	尊重文化多样性,增强文化自信。			
学生素养 (20分)	提升审美感知能力和艺术表现力。			
	提升创意实践能力。			
	坚定文化自信,学会尊重、理解和包容。			
有效评价 (10分)	评价可操作性强,方法科学,具有激励性和制约作用。			
评价结论		课程领导小组签字		
建议		课程指导专家签字		

表4-2-5　深圳市坪山区中山小学美术学科拓展课程评价量化表

拓展课程名称				
年级			主讲教师	
实施对象			课时总数	
评价项目	评价要求			评价分数
审美感知 (30分)	能从线条、形状、色彩、肌理等方面欣赏作品。			
	能把艺术语言代入作品中。			

(续表)

评价项目	评价要求	评价分数
艺术表现 (30分)	学会发现、感受、欣赏美。	
	能根据教师提供的图片判断出所用材料。	
	能用教师给的美术材料进行初步创作。	
	能运用各种美术材料绘制作品。	
创意实践 (20分)	能针对图形进行联想创作。	
	能运用使用过的点、线给图案造型。	
	有创意并有内涵。	
文化理解 (20分)	对于艺术作品能提出自己的理解和感悟。	
	能与同伴交流合作。	
	能尊重理解其他人的看法。	
评价结论		课程领导小组签字	
建议		课程指导专家签字	

表4-2-6　深圳市坪山区中山小学体育学科拓展课程评价量化表

拓展课程名称			
年级		主讲教师	
实施对象		课时总数	
评价项目	评价要求		评价分数
教学目标 (30分)	目标明确、清晰、螺旋上升。		
	目标多维,含学习理解、应用实践和迁移创新。		
	考虑到学力分层,贯彻因材施教的原则。		
课程内容 (30分)	内容具有科学性、合理性,层次分明。		
	内容实践性和启发性强,突出能力。		
	内容中运动量适度,活动次数、强度、时间合理。		
学生素养 (30分)	关注学生个性发展、学生身心健康、积极进取、团结协作和集体主义精神。		

(续表)

评价项目	评价要求	评价分数
	培养学生自我锻炼能力、学生的学习兴趣和运动参与的主动性。	
	培养扎实的基本技能、身体素质的全面发展和创新能力培养,注重终身体育意识。	
有效评价 (10分)	评价可操作性强,方法科学,具有激励性和制约作用。	
评价结论		课程领导小组签字	
建议		课程指导专家签字	

第三节 ｜ 社团活动：顺应儿童天性，协同融合发展

以"顺应天性，自主选择"为原则，学校设置满足不同学生的个性需求、适合每个学生兴趣和特长、可以自由选择的课程，鼓励学生根据自己的兴趣爱好自由选择，给学生一片蓝天，让学生在校园里自由呼吸，让学生在所擅长的方面成就属于自己的人生。

一 社团设置

为满足不同学生的个性需求，我校开发了适合每个学生兴趣和特长、可以自由选择的社团课程。截至 2024 年，学校已开发 68 门社团课程，实行全校走班制，充分实现学生的个性与特长发展，见表 4-3-1。

表 4-3-1 中山小学社团一览表

类别	社团名称	目标
习志	赤子之心、逆商智慧、抗压高手、守志笃行、名人故事、耐挫训练、励志人生、坚守信念	培养学生树立远大志向、克服困难和坚守志向的品质。
习体	旋影国球、尚德武道、追风少年、长空武社、足球小将、灌篮高手、羽你同行、轻舞飞扬、铿锵女篮、心有灵犀、瑜乐伽油站	培养学生身心健康、自立自强、外美内秀的品质。
习礼	中华文明、传统礼仪、国际礼仪、礼仪主持、交往礼度、美德故事、雅韵盈耳、交往礼仪	培养学生的礼节素养，养成得体的言谈举止与谦逊的礼让精神。
习文	绘声绘英、故事天地、兰馨吟诵、唇枪舌剑、趣绘悦读、Drama Club、墨缘堂、七影绘本、硬笔书法、创意绘英、书海拾贝、儿童诗创作、天一书院、客家风华、经典留声、校园观察员、记者站、群"英"荟萃	培养学生"说好话、写好字、作好文"，涵养学生的文化底蕴。

(续表)

类别	社团名称	目标
习艺	巧手奇迹、巧手折纸、木光之城、聚舞空间、剪影时光、开心淘吧、梨园春苗、燕语莺声、美时美刻、缤纷画杜、墨韵飘香、奇思童创	使学生达成掌握艺术技能、学会审美、自由想象与创作的目标。
习慧	思维导图、头脑风暴、创客联盟、冲上云霄、小课题研究、全息数学、机器人、3D创意画坊、少年科学院、数迷园、动漫家族	使学生达成静心思考、学会质疑、合作探究、谋求创新的目标。

二 社团介绍

(一) 习志课程类社团

习志课程类社团主要开设鼓号队、赤子之心、逆商智慧、守志笃行等课程，培养有志向、能抗压、会坚守的学生。如个性课程鼓号队，鼓号队是少先队礼仪教育的重要形式和少先队根底建设的重要内容，能培养少先队员的群体意识，增强集体主义荣誉感。鼓号队培养少先队员朝气勃勃、乐观、积极向上的精神风貌，由此培养学生有志向、爱祖国、能吃苦的优秀品质，见表4-3-2。

表4-3-2 习志课程类社团鼓号队课程纲要

课程名称	鼓号队			
适用年级	三至四年级		总课时	8
课程目标	1. 学生能在训练中，养成良好习性并且讲文明、讲礼貌。 2. 学生能在体能与旗位训练中，增强体质，强身健体，养成坚毅、团结的优秀品质。 3. 学生在基本训练中，提高音乐素养、团队意识与拼搏精神。 4. 学生能在训练中，感受高雅文化，提升气质，达到美育与体育的双重训练效果。			
课程内容	课程主题	课程内容		教学目标
	理论课	第1课 起源与发展		了解鼓号队的起源与发展。

(续表)

课程主题	课程内容		教学目标
基础课	第2课	发声呼吸练习	学会发声呼吸。
	第3课	音符讲解	掌握音符,学会看乐谱。
	第4课	节奏讲解	掌握节奏。
	第5课	队形队列	掌握队形变化。
技术课	第6课	演奏出旗曲	为升旗仪式做准备。
	第7课	演奏退旗曲	
实战课	第8课	综合训练	全面掌握旋律、节奏、技巧、身法、队形变化。
课程实施	以锻炼学生队形、节奏、身形、演奏基本技法与基本的"旗位"为主。既为我校升旗"鼓号队"服务,又为后期与管乐团和视觉表演团演出打下基础。		
课程评价	1. 注重等级制评价。通过平时训练,结合孩子习性、文明礼仪、上课态度等进行"A、B、C、D"或"优秀、良好、合格、需努力"的等级制评价和评语评价。 2. 注重百分制评价。期末总结整合评价。		

(二) 习体课程类社团

习体课程类社团主要开设羽你同行、瑜乐伽油站、心有灵犀等课程。习体课程对于个人的身心健康、社会交往能力、品德、人生态度等方面都有着重要意义。羽你同行课程以羽毛球运动中的发球、击球、移动步法、裁判法以及基本理论知识为主要内容,通过教学使学生掌握较为系统的羽毛球基本技术、技能和理论知识,培养对羽毛球运动的兴趣和爱好,并以此为锻炼身体的手段,为终身体育奠定基础。关于瑜乐伽油站课程,瑜伽意为"一致""结合"或"和谐",是一种通过提升意识帮助人类充分发挥潜能的体系。瑜伽的姿势运用古老而易于掌握的技巧,提升人们生理、心理、情感和精神方面的能力,是一种达到身体、心灵与精神和谐统一的运动方式。心有灵犀课程涉及人际交往辅导、人格辅导、情绪情感训练、自信心培养、意志力培养、耐挫力培养、青春期辅导等各个方面,帮助学生成为心理素质良好的人。习体课程类社团课程纲要见表4-3-3。

表 4-3-3　习体课程类社团课程纲要
羽你同行课程纲要

课程名称	羽你同行		
适用年级	三至四年级	总课时	15
课程目标	1. 树立"健康第一"的思想，积极参加体育锻炼，养成运动习性。 2. 掌握羽毛球基本技术、战术、竞赛规则与裁判法，学会必要的健身手段与方法，为终身体育打下坚实的基础。 3. 提高学生的欣赏水平、组织能力等综合素质，培养勇于竞争、顽强拼搏的意志品质，促进身心协同发展，促进素质教育实施。		
课程内容	课程主题	课程内容	教学目标
	理论课	第1课　起源与发展	了解羽毛球运动的起源与发展，知道中国在国际羽毛球比赛中取得的荣誉。
	基础课	第2课　球感基础学习	学会握拍、挥拍、击球等基本技术动作。
		第3课　基本步法	掌握羽毛球的基本步法。
		第4课　发球与接球	掌握羽毛球发球与接球技术。
		第5课　反手球	学会反手球的技术动作。
		第6课　步法：转身、跨步	掌握羽毛球转身、跨步的步法。
		第7课　步法：滑动、交叉步	掌握滑动、交叉步的步法。
	技术课	第8课　拉球	掌握羽毛球拉球技术。
		第9课　吊球	掌握羽毛球吊球技术。
		第10课　接杀球	掌握羽毛球接杀球技术。
		第11课　接吊球	掌握羽毛球接吊球技术。
		第12课　劈球	掌握后场高空击球之劈球技术。
		第13课　扣球（一）	掌握后场高空击球之扣杀球技术。
		第14课　扣球（二）	
	实战课	第15课　综合训练	全面掌握羽毛球技术，并能够在比赛中运用这些技术。
课程实施	了解羽毛球的基本常识与制度；重视基本功训练，多练多总结；训练当中根据学生实际情况进行小组分工，优秀生带动后进生，促进学生全面发展。		

(续表)

课程评价	按羽毛球课技术评分,分单个技术评分和组合技术评分,发球以握拍的方法,发球和击球的高度、弧度、落点的稳定性以及规则要求评定。组合以比赛形式进行,看测试者是否有一定的进攻和防守能力,能够运用一些高级技术。

瑜乐伽油站课程纲要

课程名称	瑜乐伽油站			
适用年级	五至六年级		总课时	15
课程目标	1. 通过运动身体和调控呼吸,教会学生控制心智和情感,保持健康的身心。 2. 学生在练习瑜伽的过程中,形成互相尊重、互相关心、互相帮助的良好氛围,感受到身体与心理的协调平衡,使身心合而为一。			
课程内容	课程主题	课程内容		教学目标
	走近瑜伽	第1课	认识瑜伽(一)	初步了解瑜伽。
		第2课	认识瑜伽(二)	在初步认识的基础上深入了解瑜伽。
		第3课	认识瑜伽(三)	了解瑜伽流程并准备专业的瑜伽垫及瑜伽带。
	腹式呼吸	第4课	腹式呼吸(一)	了解腹式呼吸的好处。
		第5课	腹式呼吸(二)	了解腹式呼吸用力的基本方法。
		第6课	腹式呼吸(三)	掌握并熟练运用腹式呼吸。
	练习简易坐姿、金刚跪姿以及半莲花坐姿	第7课	简易坐姿	了解并掌握简易坐姿的基本动作。
		第8课	金刚跪姿	了解并掌握金刚跪姿的基本动作。
		第9课	半莲花坐姿	了解并掌握半莲花坐姿的基本动作。
	练习束角式、青蛙式以及鸽子式	第10课	束角式	了解并掌握束角式的基本动作。
		第11课	青蛙式	了解并掌握青蛙式的基本动作。
		第12课	鸽子式	了解并掌握鸽子式的基本动作。
	学习扫地式、平衡式以及放松式	第13课	扫地式	了解并掌握扫地式的基本动作。
		第14课	平衡式	了解并掌握平衡式的基本动作。
		第15课	放松式	了解并掌握放松式的基本动作。

(续表)

课程实施	1. 通过观看视频解说以及老师的讲解和示范,学生了解如何做各种瑜伽动作的具体步骤以及方法,教师巡视指导,提醒学生操作时应注意的要点。 2. 学生根据观察、学习,依教师所教动作,每节课拍照提交并详细说出动作要点。
课程评价	1. 学生展示每节课教师所教动作。 2. 课程结束时,将教师所教全部动作依次进行展示,并结合上课表现及进步空间大小,按照优、良、中三个等级进行评价。

心有灵犀课程纲要

课程名称		心有灵犀		
适用年级		五至六年级	总课时	15
课程目标		1. 培养学生开朗、合群、乐学、自立的人格个性。 2. 塑造学生的乐观、向上、自信的心理品质。		
课程内容	课程主题	课程内容	教学目标	
	爱自己	第1课 可爱的我	学生学会正确地进行自我评价。	
		第2课 保护自己	认识在日常生活中会面对的危险,学会保护自己。	
		第3课 建立自信	学生通过心理暗示、参加活动等树立自信。	
	爱朋友	第4课 合作互助	学生学会与人交往与合作。	
		第5课 真诚赞美	学生懂得赞美的重要性,学习赞美,体会到赞美给人带来的愉悦,并积极主动地在生活中赞美自己的亲人和朋友。	
		第6课 找朋友	1. 培养大方、主动的个性,体验校园的快乐生活 2. 鼓励学生与同伴交往,找到朋友。	
	爱学习	第7课 学习路上我和你	1. 帮助学生在学习中品尝解决困难的快乐。 2. 指导学生以正面的自我鼓励来增进学习信心。	
		第8课 记忆高手	1. 帮助学生提高学习的兴趣与信心。 2. 帮助学生认识到有目的、有意识记忆的重要性。	

(续表)

课程主题	课程内容	教学目标
爱生活	第9课 我看考试	1. 正确理解考试的意义。 2. 端正考试态度,正确面对考试焦虑。
	第10课 谈虚荣	帮助学生走出消费的误区,提高学生合理消费的能力,并初步树立理财的意识。
	第11课 我的未来	树立理想,合理地规划自己的未来。
	第12课 做时间的主人	学会合理安排课余时间。
爱创造	第13课 生活处处有创造	打破思维定势,培养创新能力。
	第14课 小小设计师	观察生活,创造生活,改善生活。
	第15课 我的好点子	学生通过积极动脑出点子,充分感受创造力的魅力,培养创新意识。
课程实施	本课程根据教学内容设置情境,引导学生通过角色扮演真切地体验与感悟,使学生在活动中意识到心理健康的重要性,并不断提高心理素质。	
课程评价	1. 感悟即时贴:每节课后及时完成感悟即时贴,谈谈上完一节课后的收获。 2. 心理测验:每学年根据学年目标进行相关心理测验。 3. 心理健康成长卡:针对学年目标,班主任、小组长和家长多方评论,用章的方式进行评价,引起学生的兴趣。	

(三) 习礼课程类社团

习礼课程类社团主要有小小外交官、礼仪主持等课程。如小小外交官,随着我国国力日益增强,在国际舞台上越来越活跃,国际社交礼仪的学习显得越来越重要。本课程从生活实际出发,培养学生从小规范用语、文明用语,能够用基本的英语礼貌用语进行简单的对话交流,并学会注意各国礼仪文化差异,懂得尊重对方,使用国际通用的标准礼仪接待对方,见表4-3-4。

表4-3-4 习礼课程类社团小小外交官课程纲要

课程名称	小小外交官		
适用年级	五至六年级	总课时	15
课程目标	1. 学生了解各国风俗及礼仪文化,进行有趣的国际社交情景模拟。 2. 培养学生礼仪习性,提高学生礼貌进行社交的能力。		
课程内容	课程主题	课程内容	教学目标
	求同存异, 不卑不亢	第1课 中国礼仪	了解中国礼俗,树立民族自信。
		第2课 世界风俗	了解各国风俗及差异,懂得入乡随俗。
		第3课 世界礼仪	学习世界通用礼仪常识,懂得尊重他人。
	外塑形象	第4课 英语礼貌用语	会使用礼貌用语进行简单的对话交流。
		第5课 姿态训练(一)	明白正确的站姿、坐姿、走姿、蹲姿动作要领。
		第6课 姿态训练(二)	明白正确的鼓掌、握手、鞠躬、微笑、拥抱的动作要领。
	内强素质	第7课 问候与称呼	能够使用中文及英语正确问候、称呼他人,感受尊重与被尊重的重要性。
		第8课 当面迎接礼仪	1. 明白迎接礼仪在社会交往中的重要性。 2. 掌握迎接过程中的6点注意事项。 3. 能够大方得体地迎接对方。
		第9课 电话接待礼仪	1. 了解电话接待过程中的4个步骤。 2. 能够使用简单的英语礼貌用语模拟电话接待情景,并进行简单对话交流。
		第10课 国际引见礼仪	1. 了解国际引见时的6个步骤。 2. 学习4种常用的引领手势。
		第11课 递物与接物礼仪	1. 掌握递物与接物过程中的几个要领。 2. 能够正确模拟递物与接物情景。
		第12课 中国餐桌礼仪	1. 了解中国餐桌文化,了解餐位编排。 2. 会正确使用筷子,模拟礼貌用餐情景。
		第13课 国际餐桌礼仪	1. 了解世界各国餐桌文化。 2. 会正确使用刀叉,模拟国际用餐情景。

(续表)

课程主题	课程内容	教学目标
学以致用，巩固内化	第14课 小小外交官（一）	利用所学知识,分组编排一场国际社交场合的话剧或小品。
	第15课 小小外交官（二）	利用所学知识,演绎一场国际社交话剧或小品。
课程实施	讲授与情景模拟相结合,提高学生英语口语应用能力和社交能力,同时,联系生活实际,学生学习世界礼仪常识并能灵活运用于生活。	
课程评价	通过课堂出勤情况、课堂表现、知识运用灵活程度、姿态端正程度等各方面的表现进行评价。评价等级设置为优、良、中三个等级。	

（四）习文课程类社团

习文课程类社团主要有客家风华、兰馨吟诵、绘声绘英、Drama Club 等。以客家风华为例，坪山区具有丰富的客家文化资源，如以"大万世居"为代表的客家建筑文化。为了有效利用本土课程资源，提升我校学生的综合素养，打造校园文化特色，学校特创建该课程，旨在把客家文化引进校园，让学生了解客家文化风情、传承客家文化、学习客家精神。群"英"荟萃课程主要围绕生活中的一些日常话题促进学生畅所欲言，还教授学生一些地道的英语表达用语，使学生能遨游在中外文化当中，感受不一样的文化。该课程鼓励学生提出感兴趣的知识，进行英语口语表达与共同探讨，让学生了解不同的文化，丰富课外知识。习文课程类社团课程纲要见表 4-3-5。

表 4-3-5 习文课程类社团课程纲要
客家风华课程纲要

课程名称	客家风华		
适用年级	五至六年级	总课时	20
课程目标	1. 通过课程介绍,拓展知识领域,培养了解客家文化。 2. 通过对客家精神文化的了解,学习客家人坚毅、质朴、勤劳、勇敢的精神品质,提升思想品德修养和审美能力。 3. 通过探究小课题,培养学生查找信息、实践探究等综合素养。		

(续表)

课程主题		课程内容	教学目标
课程内容	客家风土人情	第1课　课程总介绍	了解课程总体内容及学习方法。
		第2课　客家人变迁及原因	了解客家人的5次大迁徙及其原因。
	客家杰出人物	第3课　客家古代杰出人物	了解客家古代杰出人物代表及相关历史故事。
		第4课　客家近现代杰出人物	了解客家近现代杰出人物代表及相关历史故事。
	客家传说故事	第5课　客家民间传说故事	了解客家民间传说故事。
		第6课　客家民间故事演讲比赛	自行收集客家民间小故事进行课堂讲故事比赛。
	客家饮食文化	第7课　客家代表菜介绍以及基本特点	了解客家代表菜"酿"、客家菜的基本特点。
		第8课　客家饮食文化内蕴	了解客家饮食背后的文化内涵。
	客家风俗文化	第9课　客家风俗文化介绍	了解客家过年、闹元宵、丧葬、"捡金"等风俗文化。
		第10课　客家民俗文化欣赏	欣赏客家民俗文化相关影像资料。
	客家服饰文化	第11课　客家服饰介绍与实物展示	了解凉帽、大襟衫等客家特色服饰。
	客家节庆活动	第12课　客家节庆文化介绍与欣赏	了解龙灯、舞鱼灯、舞狮、舞麒麟等客家节庆活动。
	客家艺术文化	第13课　客家艺术文化介绍与欣赏	了解客家山歌、山歌剧、龙灯舞、花胡戏等客家艺术文化。
		第14课　客家山歌欣赏与演唱技巧介绍	了解客家山歌的歌唱技巧、学唱山歌。
		第15课　学唱客家童谣	学唱客家童谣。
		第16课　客家剪纸	学习制作客家剪纸。
	客家建筑文化	第17课　客家特色建筑	了解客家围龙屋建筑特点及防御功能。
		第18课　客家历史人文古迹	了解客家历史人文古迹及发展历程。

(续表)

课程主题	课程内容	教学目标
客家文化小课题探究指导	第19课 客家文化小课题研究	通过自主探究或小组合作的方式自选客家文化的某一角度进行小课题研究。
	第20课 客家文化小课题研究成果汇报	进行客家文化小课题研究成果汇报。
课程实施	本课程内容具有开放性,在教学时给足学生拓展的空间,鼓励学生主动搜集资料、动手实践操作,培养学生搜集资料的习性及实践、探究能力,并鼓励学生联系自己的生活实际践行客家文化精神。课程实施主要以听、说、讲解、欣赏、表演、手工竞赛活动展示等形式进行。	
课程评价	根据学生在实践活动中的综合表现进行评价。	

群"英"荟萃课程纲要

课程名称	群"英"荟萃			
适用年级	五至六年级		总课时	15
课程目标	1. 通过日常话题的英语口语练习,提升学生口语水平。 2. 通过拓展中外文化相关知识,开阔学生眼界,提升文化素养。			
课程内容	课程主题	课程内容		教学目标
	中外文化	第1课 中外文化欣赏		能认真、安静地聆听及欣赏中外文化差异。
		第2课 中外文化差异交流		能在自己收集资料的基础上与同伴交流中外文化差异。
		第3课 中外文化场景演练		能运用英语进行场景演练。
	饮食文化	第4课 中国饮食文化		能与外教简单交流,并分享自己家乡特色美食。
		第5课 外国饮食文化		了解不同国家的饮食文化。
		第6课 中外饮食文化差异		了解中外饮食文化差异。
	中外气候	第7课 中国气候		能与外教谈论中国的气候。
		第8课 外国气候		了解外国的气候。
		第9课 中外气候差异		能说出中外气候差异。

115

(续表)

课程主题	课程内容	教学目标
服饰文化	第10课 中国服饰文化	能在收集资料的基础上,向外教介绍中国服饰文化。
	第11课 外国服饰文化	了解外国服饰文化。
	第12课 中外服饰文化差异	能说出中外服饰文化差异。
运动文化	第13课 中国运动文化	能向外教介绍自己课余运动内容。
	第14课 外国运动文化	了解外国运动文化。
	第15课 中外运动文化差异	能说出中外运动文化差异。
课程实施	1. 通过中外文化渗透,让学生较系统地了解中外文化差异。 2. 培养学生自主学习能力,课余时间收集相关资料,课上积极与他人分享。	
课程评价	优秀:学生能流利、准确地说出相关文化信息。 良好:学生能较流利且准确地说出相关文化信息。 合格:学生基本能表达相关的文化信息。	

(五)习艺课程类社团

习艺课程类社团主要有木光之城、聚舞空间、七彩梦画、美时美刻、开心陶吧等。以木光之城为例,该课程的主体即木艺社团,成立于2016年9月,聘请木工师傅进行指导。课程结合设计与制作,以完成作品任务的形式展开,旨在培养孩子们灵巧的双手、敏捷的思维、审美的情趣、艺术的眼光、工匠的精神、精益求精的品格。聚舞空间课程旨在让学生在学习之余,提升舞蹈基本功和艺术素养。该课程主要包括基础训练、形体训练以及民族舞蹈,不仅能够培养孩子兴趣,提升孩子艺术素养,更能增强孩子身体素质;舞蹈队训练时间固定在每周一、二、五。七彩梦画课程的活动内容是儿童创意画的创作,主要使用尽可能少的笔画线条,塑造出简洁、生动的形象,激发学生的创造力,培养学生的想象力,增强学生的手脑协调能力。习艺课程在尊重学生的个性发展基础上,对学生进行适当的指导,充分发挥每个学生的特点,使其形成自身的风格。习艺课程类社团课程纲要具体见表4-3-6。

表4-3-6 习艺课程类社团课程纲要
木光之城课程纲要

课程名称	木光之城		
适用年级	三至四年级	总课时	35
课程目标	本课程是集设计理论学习与动手实践于一体的综合类课程。主要是让学生认识设计基础,学习绘制图纸来理解和表达自己的作品,利用普通手动木工工具制作作品。		
课程内容	课程主题	课程内容	教学目标
	木艺入门	桌椅	学生认识并领悟榫卯结构的原理。
		木马	制作榫卯结构小物件,制作小木马。
		人偶	了解不同人物服饰的特点,给木偶进行服装搭配。
		小鸡啄米	认识民间传统玩具,完成一个独具特色的玩具。
		迷宫走珠	对迷宫的路线以及陷阱进行规划,提高独立思考的能力。
	多彩生活	活字印刷术	认识中国四大发明之一,感受古人智慧的结晶。
		手织布	认识布料的编织,锻炼学生的细致与耐心。
		猴子翻杠	将两条竖杆握在手中,以绞绳拉动小木猴。
		灯笼	会做传统的民间手提灯。
		树木	认识树木的种类,进行设计,制作一个奇幻森林。
		撮罗子	"撮罗子"是东北狩猎民族的一种"房子",动手制作一个可爱的小房子,了解基础的房屋搭建。
	宫城建筑模型	宫城(一)	了解不同宫城类型的特性,设计并制作几座不同风格的皇宫。
		宫城(二)	
		宫城(三)	
	日常交通工具	摩托车	引导学生在了解交通工具结构的基础上,发挥想象,大胆创新,设计并制作交通工具模型。
		小轿车	
		卡车	
		货车	
		飞机	
		坦克	

(续表)

课程主题	课程内容	教学目标
传统交通工具	轿子 独轮车 黄包车 马车 船	认识传统交通工具,观察各类交通工具的特点以及用途,动手制作多功能的交通工具。
桥	拱桥 曲桥	认识桥梁的结构以及特点,制作并测试桥梁的承重范围。
农耕器械	牛 犁 耙 水车 石磨 木舂 榨油机 脱棉籽机	"日出而作,日入而息,凿井而饮,耕田而食。"认识传统农耕器械,并动手制作一个小型模具,感受古人发明的智慧。
课程实施	以"四点半"课程形式开展,每天下午4:30到5:30。	
课程评价	1. 设计成绩评定:根据每课设计重点不同可分为"结构设计""装饰设计"两类评分。 2. 制作成绩评定:按作品是否完成、作品结构功能是否完好进行"制作"类评分。	

聚舞空间课程纲要

课程名称	聚舞空间		
适用年级	三至四年级	总课时	15
课程目标	1. 学生能掌握舞蹈基本功,能跟着音乐跳出优美的舞姿。 2. 学生能在训练中,养成良好习性并且讲文明、讲礼貌。 3. 学生能在训练中,培养舞蹈欣赏能力,感受高雅文化,提升气质。		

(续表)

	课程主题	课程内容	教学目标
课程内容	形体训练	第1课 劈叉训练	学生能熟练掌握横叉、竖叉。
		第2课 腿部训练	学生能掌握控腿。
		第3课 腰部训练	学生能掌握控腰。
		第4课 综合形体训练(一)	学生能在完成热身运动后进行基本功训练。
		第5课 综合形体训练(二)	
		第6课 综合形体训练(三)	
	新疆舞	第7课 新疆舞欣赏	学生懂得欣赏新疆舞,初步领略舞蹈之美。
		第8课 动作分步教学(一)	学生能掌握新疆舞基本动作。
		第9课 动作分步教学(二)	
		第10课 动作分步教学(三)	
		第11课 新疆舞台排(一)	学生能跟着音乐跳一段新疆舞。
		第12课 新疆舞台排(二)	
	朗诵伴舞	第13课 视频欣赏	学生能初步感知朗诵配舞动作。
		第14课 动作教学	学生能掌握相关动作。
		第15课 动作合排	学生能跟着音乐进行舞蹈动作合排。
课程实施	1. 班级实操教学:教师教,学生模仿并学习。 2. 观看模仿教学:课下观看视频,通过自省、自练等提升自身水平。		
课程评价	1. 注重形成性评价。通过平时训练,结合孩子习性、文明礼仪、上课态度等进行评价。 2. 注重评价主体多元化。评价结合自评、家长评以及教师评。		

七彩梦画课程纲要

课程名称	七彩梦画		
适用年级	一至二年级	总课时	15
课程目标	1. 学生掌握画基本线条和简单形体的技能,能够有意识、有目的地画出一定的线条、形体和色彩。		

(续表)

	2. 引导学生运用多种绘画方法和方式,使绘画作品更活泼生动。 3. 对学生进行审美教育,培养学生健康、正确的审美观念。		
课程内容	课程主题	课程内容	教学目标
	了解绘画, 培养兴趣	第1课 组织动员	了解绘画,知道社团规章制度。
		第2课 叮当猫	培养对色彩的基本认识,掌握用原色调配颜色。
		第3课 海底世界	认识海底的各种生物,热爱大自然。
	练习绘画, 发展想象	第4课 蜜蜂的糖果店	掌握几何图形的运用,熟练掌握颜色搭配。
		第5课 可爱的猫头鹰	发挥想象力进行创作。
		第6课 美丽的妈妈	和日常生活结合,发挥自己的想象力,画出自己心目中最美的妈妈。
	学习技法, 练习涂色	第7课 可爱的熊猫	掌握点、线、面的绘画技法。
		第8课 不睡觉的路灯	掌握平涂法,培养观察能力和想象能力,学习以线造型的作画能力。
		第9课 可爱的女巫	掌握渐变涂法和图案的造型设计。
	学习节日 工艺品制作	第10课 欢乐的万圣节	运用所学的绘画知识创作万圣节绘画作品。
		第11课 万圣节面具	学会制作简单的工艺品技能。
		第12课 圣诞节卡片	深入学习制作工艺品技能,开发智力,培养动手能力和创造思维。
	学习渲染, 巩固设计	第13课 圣诞爷爷	掌握渲染涂法和图案的造型设计。
		第14课 美丽的小鹿	巩固渲染涂法和图案的设计。
		第15课 自由创作	运用本学期所需知识,创作作品。
课程实施	1. 学生结合日常生活中熟悉和喜爱的事物进行创作,培养观察力,会画一些生活中熟悉的事物。 2. 以临摹示范为重要培训方法,帮助孩子提高绘画技能。 3. 教会学生正确坐姿和执笔姿势,教会学生认识和使用绘画工具,培养学生绘画时的良好习性。		

(续表)

课程评价	通过课堂出勤情况、课堂表现、绘画创作等各方面的表现进行评价,培养学生认真观察的学习习性,激发学生绘画兴趣,促进学生创作绘画的综合能力。同时,评价等级设置为优、良、中三个等级。

(六) 习慧课程类社团

习慧课程类社团主要有动漫家族、数迷园、冲上云霄、3D创意画坊等。动漫家族课程旨在让学生在快乐做动画、快速做动画的过程中,学会动画的制作流程,在培养学生兴趣的同时,鼓励学生大胆发挥想象进行动画创作,培养学生的信息技术应用能力与创新意识,促进学生对动画制作技巧的发散应用。数迷园课程巧妙地将数学知识与游戏、魔术结合,展示数学的神奇智慧和艺术般的魅力,让学生在探索游戏玩法的过程中,体验数学思想的博大精深和数学方法的创造力,激发学生的数学兴趣和探索求知的欲望,将学生带入奇妙的数学世界。习慧课程类社团课程纲要具体见表4-3-7。

表4-3-7 习慧课程类社团课程纲要
动漫家族课程纲要

课程名称	动漫家族		
适用年级	三至四年级	总课时	15
课程目标	1. 掌握动画制作基本技能,会制作一段完整的动画。 2. 发挥想象,创作剧本,制作动画。 3. 培养学生的信息技术应用能力与创新意识。		
课程内容	课程主题	课程内容	教学目标
	动画的基础概论和软件的基本操作	第1课 动画的基础概论	了解动画是什么,并且熟悉软件的操作。
		第2课 人物头部的制作	学会制作简易的人物头部。
		第3课 场景的搭建	学会添加人物身体与背景。
	软件的进阶操作	第4课 时间轴的初步介绍	知道时间轴及其作用。
		第5课 时间轴的应用	能灵活使用时间轴。
		第6课 制作简短的人物动画	制作一段简短的人物位移动画。

(续表)

课程主题	课程内容	教学目标
动画制作实操练习	第7课 制作一段完整的小动画《我是小老师》	会灵活操作制作完整的小动画。
	第8课 编写动画剧本	学会编写动画剧本。
	第9课 修改剧本	修改完善动画剧本。
	第10课 制作动画素材	按照剧本中的内容在网上或自行制作动画素材。
	第11课 人物身体的制作与场景的搭建(一)	搭建动画的场景,制作人物身体。
	第12课 人物身体的制作与场景的搭建(二)	绑定动画的场景和人物身体。
动画制作	第13课 动画制作(一) 第14课 动画制作(二) 第15课 动画制作(三)	制作动画。
课程实施	1. 常规教育。 2. 欣赏优秀作品并评价。 3. 动画分组制作。 4. 展示作品。	
课程评价	通过对学生的动画作品制作和课堂习性方面进行评价,培养学生的创作兴趣,提升学生动画创作的能力。评价等级设置优、良、中三个等级。	

数迷园课程纲要

课程名称	数迷园		
适用年级	三至四年级	总课时	15
课程目标	1. 通过多样的趣味数学活动,激发学生学习数学的兴趣和积极性。 2. 学生获得初步的数学实践活动经验,能运用所学知识和方法解决简单问题,感受数学在生活中的作用。 3. 培养学生积极参与数学实践活动、敢于质疑、独立思考、不怕困难等良好的学习习性,提高学生数学知识运用能力。		

(续表)

	课程主题	课程内容		教学目标
课程内容	数学故事	第1课	赏析数学故事(一)	学生在听故事、说故事中,丰富对数学知识的认识,激发兴趣。
		第2课	赏析数学故事(二)	
		第3课	分享数学故事	
	奇趣七巧	第4课	认识七巧板	学生通过七巧板的学习,加深对图形的认识,提高想象力。
		第5课	七巧板的玩法与技巧	
		第6课	七巧板大比拼	
	数独游戏	第7课	认识数独	学生在学习数独的过程中,增强数感,培养数学思维。
		第8课	数独的玩法与技巧	
		第9课	数独大比拼	
	智慧金字塔	第10课	认识智慧金字塔	学生在学习智慧金字塔的过程中,发展空间观念。
		第11课	金字塔的玩法与技巧	
		第12课	金字塔大比拼	
	华容道	第13课	认识华容道	学生在学习华容道的过程中,锻炼空间思维能力。
		第14课	华容道的玩法与技巧	
		第15课	华容道大比拼	
课程实施	1. 课堂以学生自主探究为主,教师点拨为辅。 2. 在活动过程中,两人为一组进行学习,适当开展小组竞赛活动。 3. 全面系统地了解并掌握各种数学活动的数理,在游戏中锻炼学生的分析、逻辑、推理能力,引领学生感受数学学习的乐趣和奥妙。			
课程评价	划分评价等级,分为以下四个等级: 1. 优秀:具有浓厚的学习兴趣、强烈的学习意识,合作、探究、创新能力强。 2. 良好:具有较强的学习兴趣与合作精神,具有一定的创新能力。 3. 合格:能完成学习任务,但合作、探究、创新能力有待加强。 4. 不及格:不能完成学习任务,学习意识不强。			

三 社团评价

学校通过编制社团评估表,分别从理念、目标、管理、实施、成果五个方面出发,采用每周随堂听课、学生访谈的过程性评价,以及作品展示和汇报表演的总结性评价,对社团的开展进行评价,见表4-3-8。

表4-3-8 中山小学社团评价细目量表

项目	评价标准	权重分	得分	评估方法
理念特色鲜明	1. 社团理念与学校育人理念、课程哲学保持一致。	10分		1. 随堂听课 2. 学生访谈 3. 作品展示 4. 汇报表演
	2. 具有学科特色,符合学生实际发展需要。	10分		
目标清晰明确	1. 社团目标立足于国家立德树人根本任务,基于学校办学目标制定合适的课程目标。	10分		
	2. 目标制定清晰明确,符合学生年段特点。	10分		
管理规范有序	1. 出台社团活动管理制度、考核办法等,并落实。	10分		
	2. 社团活动有计划,主题鲜明,秩序、组织纪律良好。	10分		
实施扎实有效	1. 教师及时到岗,按课时计划组织开展社团活动。	10分		
	2. 突出学生学习方式的主动性、体验性、探究性和创新性。	10分		
成果优质精彩	1. 学习成果有品质,学生有进步。	10分		
	2. 成果展示形式新颖,效果好。	10分		

第四节 ┃ 研学旅行：行走祖国大地，了解天下大事

课堂书本学知识，游历交往长见识，磨砺担当有胆识，识识皆备成栋梁。学习并不局限于课堂，更要走出教室去认识世界、了解社会、增长见识。研学旅行应运而生，孩子们在广阔的天地里访问山川、对话名胜、探秘古迹，在行走中学习，在游历中成长。

一、基本内涵

研学旅行是一种走出校门开展研究性学习并与旅行体验相结合的校外实践活动，重在开阔学生视野，并培养学生的生活技能、集体观念以及实践能力等。可见，"研"是基础，"学"是目的，让学生在研学旅行中"研"有所得、"学"有所获。研学旅行是习性教育课程体系中的一个重要分支，是落实立德树人根本任务的重要途径，是学生增长见识的基本方式，是培养学生热爱祖国的有效路径。

二、实施方式

为了更好地开展研学旅行，学校决定每学期进行一次校外社会实践，以深圳市内各大校外实践基地为主、广东省内各校外实践基地为补充，让学生了解当地的社会风情、人文历史，培养集体主义观念，增强团队活动意识。每年寒暑假，学校开展"云游天下"微视频拍摄大赛，鼓励学生利用假期游历祖国大好河山，了解祖国各地的风俗民情、中华民族的悠久历史，培养爱国主义精神。

三 研学内容

(一) 校外社会实践

校外社会实践作为课堂教学的必要补充,是培养学生综合素养的有效途径。小学生仍处在具有丰富好奇心的心理阶段。只有走进社会,才能满足学生的探究兴趣,也只有走进社会,才能培养学生解决问题的能力,在这个过程中,也能让学生对自身有正确的认知,从而树立正确的人生目标。我校社会实践以"我与世界""我与自然""我与祖国"等为主题,先后去了深圳世界之窗、深圳市海洋世界、坪山区东江纵队纪念馆等地,通过参观、体验、访谈、调研等形式开展校外实践性学习,见表4-4-1。

表4-4-1 中山小学校外社会实践

年级	目的	地点	活动内容
一至六年级	饱览世界风情,胸怀爱国之志。放眼世界,拥抱未来。	世界之窗	参观游览世界广场、亚洲区、大洋洲区、欧洲区、非洲区、美洲区、世界雕塑园、国际街内世界著名微缩景观; 观看表演:日本茶道表演、风情歌舞、东南亚水乡、毛利民居、非洲民居、印第安民居、委内瑞拉山洪暴发; 游乐项目:重返侏罗纪、穿越欧罗巴、飞跃美利坚。
一、二年级	畅游欢乐海洋,探索海底奥秘。	小梅沙海洋世界、深圳市海洋世界	参观水族馆(海底万鱼争食表演、海底梦幻婚礼表演、白鲸表演、潜水表演等); 海洋剧场观看(水上芭蕾表演、滑稽小丑戏水表演、极限高空跳水表演、聪明海豚特技表演等); 极地世界观看极地动物(北极狐、北极狼、企鹅、海豹等); 幻游海洋馆(时空转轮、万丈深渊、深陷泥潭)、鲸鲨馆、鲨鱼馆、科普馆、海贝馆、航模馆、水母馆、海神花园、极地海洋馆等。

第四章 激活生命的成长内驱力

（续表）

年级	目的	地点	活动内容
三至六年级	科普地质知识,体验农耕生活。	大鹏半岛国家地质公园博物馆、奇奇农乐园	参观大鹏半岛国家地质公园博物馆:序厅、地球探秘展厅、大鹏半岛展厅、矿物展厅、城市与地质环境展厅及临时展厅、3D科普影院、多功能报告厅、恐龙室外展场;在奇奇农乐园内体验农耕拓展项目:挖红薯、秧歌舞、竹竿舞、手工米饼制作、插秧、石磨豆浆、制砖体验、田园担水比赛、扎稻草人、手绘等。
三至六年级	探索民俗文化,一览大好河山。	锦绣中华·民俗文化村	认识万里长城、三大石窟、四大佛教名山、五岳的分布等; 民俗文化村:蒙古族顶碗、苗族背篓球、壮族板鞋竞走、滚铁环、苗族拉木鼓、快乐舞世界,学习民族舞蹈、民族打击乐、中国功夫、京剧锣鼓、打陀螺、京剧锣鼓等; 观看表演:百艺广场表演、观看大型马战实景表演《金戈王朝》。
四至六年级	了解垃圾分类,学习垃圾分类。	坪山区垃圾分类实践基地	了解垃圾分类的意义和标准,了解可回收垃圾、生活垃圾和有害垃圾的种类,引导学生养成分类投放各类垃圾的好习性。
四至六年级	使学生铭记革命先烈的丰功伟绩;培养学生的团队意识以及对国家和民族所负有的历史责任感和使命感;增强学生为建设祖国、保卫先烈们打下的江山而努力学习、掌握本领的动力;使学生认识到作为社会主义事业的建设者和接班人,肩上的担子重、责任大,以及作为社会主义事业的建设者和捍卫者应具备较高的道德文明和科学文化素质。	东江纵队纪念馆	参观纪念馆,举行少先队祭扫仪式。

案例一

中山小学开展秋季社会实践教育活动
——学子齐出行　实践展习性

近日，中山小学开展秋季社会实践教育活动，组织学生分赴麦鲁小城和东部华侨峡谷进行主题为"绿色低碳伴我行，文明环保在我心"的主题社会实践教育活动。

当天上午8时许，沐浴着秋日的阳光，孩子们脸上洋溢着欢乐的笑容，向目的地出发。来到麦鲁小城，孩子们立即被眼前的景象深深吸引了。在辅导老师的带领下，各班有序进入体验馆进行职场体验。男孩们纷纷穿上警服、消防服，英姿飒爽。女孩们则穿上空姐制服、白大褂，楚楚动人。

在东部华侨城大峡谷，孩子们的目光被映入眼帘的飞流直下的大瀑布紧紧吸引。值得一提的是，活动过程中，孩子们的表现同样是一道亮丽的风景线：参观队伍井然有序，同学之间互帮互助、快乐分享，所到之处"只留下愉快的身影，不留下一片垃圾"。

"本次校外实践活动不仅使学生获得亲身参与研究探索的体验，锻炼了孩子们的实践能力，更让习性教育的成果得以体现。"中山小学负责人告诉记者。

——摘自《深圳商报》第271期《中山小学开展秋季社会实践教育活动》

案例二

风起正清明，缅怀寄深情
——记中山小学"清明祭英烈　薪火代代传"活动

人间四月芳菲始，又是一年清明时。为缅怀革命先烈、传承红色基因、弘扬民族精神，在清明节来临之际，中山小学四(4)中队来到坪山区东江纵队纪念馆开展"清明祭英烈　薪火代代传"主题教育活动。

怀着对革命先辈的崇高敬意，孩子们在德育处林金峰副主任和安全办曹争军副主任的带领下走进东江纵队纪念馆。馆门口的宣传教育短片，瞬间吸引大家驻足观看，也开启了师生们对东纵先烈足迹的追寻。

通过一幅幅图片、一件件文物，师生们感受着东纵将士浴血奋战、英勇杀敌的艰辛岁月。在长达八年的艰苦抗战岁月中，东江纵队涌现了许多可歌可泣的感人事迹，通过详尽的图文，处处都能感触到革命先辈们闪耀的光芒！

瞻仰了陈列展馆后，师生们齐聚大厅，举行祭奠革命先烈仪式。伴随着气势磅礴的出旗曲，队员用标准划一的队礼和声声嘹亮的歌声表达对革命先烈的追思。主持人黄琳和王屹林向大家讲述了曾生将军的英勇事迹。紧接着，在中队辅导员刘丽萍老师的带领下，队员们重温入队誓词并呼号，洪亮而坚定的声音回荡在整个场馆，也彰显了全体队员为共产主义事业而奋斗的决心。

"一腔热血一朵花，灵菊翠柳寄哀思。"走出场馆，全体师生排着整齐的队伍来到纪念碑前，绕碑一周，依次献上手工制作的小白花，并面向纪念碑行三鞠躬礼，表达对革命烈士深切的敬意与怀念。整个过程中，同学们一扫往日的喧闹、嬉戏，静静地肃立着。

看这最美人间四月天，气清景明，春光正好。历经百年抗争探索，先烈的梦想，正一步步变成现实，今日盛世，如他们所愿。他们的名字，早已镌刻在共和国的历史丰碑上；他们的精神，如同一盏盏明灯照亮前行的道路。我们铭记曾为捍卫国家而英勇战斗的民族英烈，我们致敬革命烈士们永不妥协的抗争精神。

最深沉的缅怀是铭记，最温暖的纪念是传承。新时代的少年必将在红领巾的引领下，汲取奋进力量，赓续英烈精神，勇敢地担负起实现中国梦的重托。

案例三

探索科技奥秘　点亮科学梦想

——深圳市坪山区中山小学2021年冬季学生社会实践活动回顾

科学素质是国民素质的重要组成部分，是社会文明进步的基础。提升科学素质，对于公民树立科学的世界观和方法论，对于增强国家自主创新能力和文化软实力、建设社会主义现代化强国，具有十分重要的意义。

2017年1月，教育部印发了《义务教育小学科学课程标准》，规定从2017年秋季起，小学科学课程起始年级调整为一年级，科学教育纳入我国基础教育各阶段。

为了进一步弘扬科学精神、普及科学知识、宣传科学思想，通过科普性、互动性、趣味性、启发性的活动内容，全面提升学生的探索、创新能力及综合素养，深圳市坪山区中山小学于2021年12月3日，组织一至六年级的同学们前往大梦探索乐园，开展为期一天的社会实践活动。

进入21世纪以来,全球科技创新进入空前密集活跃的时期,新一轮科技革命和产业变革正在重构全球创新版图、重塑全球经济结构。

青年是祖国的前途、民族的希望、创新的未来。青年一代有理想、有本领、有担当,科技就有前途,创新就有希望。

回顾本次活动,同学们文明有序,积极参与,在寓教于乐、丰富多彩的项目中,既增进了友谊,也增长了智慧,可谓收获满满。

少年强,则国强。中国梦,我的梦。向上吧,少年们,让我们珍惜当下的幸福生活,努力学习,为中华民族的伟大复兴,为人类的进步,贡献自己的力量!

——摘自"晨曦教育"公众号2021年12月19日报道

(二) 云游天下

云游天下能够开拓学生的眼界,学生可以亲身体验到不同地区的自然风光、文化传统、历史古迹等;也可以提高学生社会交往和语言表达的能力,学生在旅游中会与导游、当地人等展开交流和合作,有助于学会与不同人群建立联系、协作解决问题,提高自己的沟通能力和团队合作精神;还可以培养学生的独立性——在这个过程中学生往往需要面对一些自我管理的情况,如行李携带、时间安排、个人卫生等,这就可以培养学生自主决策、解决问题和独立处理事务的能力,提高学生自我管理和自理的能力。我校社会实践以"探访自然""解密科技""洞悉人文""铭记革命"等为主题,在寒暑假期间师生走访了山川河流、科技馆、名胜古迹、博物馆、红色基地等地,通过参观、体验、访谈、调研等形式开展校外实践性学习,见表4-4-2。

表4-4-2 中山小学"云游天下"微视频大赛

年级	主题	地点	目的	拍摄要求
一	探访自然	山川河流	感受祖国的大好河山,提升保护环境的意识。	微视频为mp4格式,时间长度为3—5分钟,每个微视频大小不超过1G,画面清晰,片头、片尾设计美观。
二	解密科技	各科技馆	了解先进的科技,感受科技给人类带来的便捷,培养对科技的兴趣,提高科技创新的能力。	

（续表）

年级	主题	地点	目的	拍摄要求
三	亲近故乡	家乡	了解家乡的风情民俗,增强本土自豪感,传承家乡文化。	
四	洞悉人文	名胜古迹	感受中华民族悠久的文化,了解更多的历史知识,增强民族自豪感。	
五	牢记历史	博物馆	领略中华儿女的智慧,感受中华民族的伟大,做好实现中华民族伟大复兴的准备。	
六	铭记革命	红色基地	瞻仰革命英雄,了解革命事迹,感受幸福生活的来之不易,勿忘革命,努力学习。	

第五节 ｜ 校园节日：传承优秀文化，弘扬精神文明

渗透节日文化是培育学生文化自信的重要方式，是拓展学生对节日文化认识、增强学生节日意识、实现学生文化自信的有效手段。渗透节日文化可以帮助中小学校培育学生爱国、勤俭节约、尊老爱幼等正确的价值观，使学生担负起文化传承的使命，为振奋民族精神、凝聚民族力量培养接班人，为传承中华民族优秀文化、推动中国特色社会主义文化的繁荣发展夯实人力基础。这对于促进祖国统一和民族复兴、维护国家文化利益和文化安全具有十分重要的意义。

一 节庆文化课程设计

我校以传统节日、法定节日、校园节日与纪念日相结合的方式，落实节庆文化课程。

（一）传统节日课程

传统节日蕴含着丰富的文化内涵。学校通过开展传统节日课程让学生体验传统节日习俗，弘扬传统文化，见表4-5-1和表4-5-2。

表4-5-1　深圳市坪山区中山小学传统节日课程设置表

时间	节日	主题	活动
2月	元宵节	金龙迎春到 欢乐闹元宵	寒假元宵特色作业
			元宵节主题班会活动（贴窗花，学习元宵节的由来、习俗、诗歌、童谣）
			游园观赏花灯，猜灯谜
4月	清明节	缅怀先烈 励志清明	"缅怀先烈，励志清明"主题队会
			"网上祭英烈"活动
			烈士陵园扫墓活动

(续表)

时间	节日	主题	活动
6月	端午节	品味端午 传承文明	包粽子比赛
			蛋体彩绘
			趣味有奖知识竞赛
10月	中秋节	仰望中秋月 感恩中国心	"中秋佳节知多少"趣味有奖知识竞赛
			"情满中秋"诗词吟诵竞赛
			"红领巾讲解员"实践体验活动
			我与国旗的一天(向国旗敬礼、我与国旗合个影、制作国庆小报)
	重阳节	孝敬长辈 尊老敬老	"最美夕阳红"节日探究活动
			"感恩父母和谐家庭"主题活动
			敬老爱老志愿服务活动

表4-5-2 元宵节主题实践活动(以2021年为例)

主题	金牛迎春到,欢乐闹元宵		
时间	2021年2月		
活动目的	为弘扬中华传统文化,引导学生体验我国传统节日——元宵节的热闹氛围,了解多姿多彩的节日文化,学校组织学生进行闹元宵活动。活动旨在营造欢乐祥和、健康向上的节日氛围,活动中所需的窗花、灯笼、灯谜等均为学生亲手所做,目的是培养学生勇于创新、善于合作、乐于分享的态度。		
评价内容	活动环节	活动内容	参加年级
习礼 习文 习艺 习慧	贴窗花	学生用自制的窗花装扮教室及校园环境,营造节日气氛。	一至六年级
	做汤圆	学生在教室内亲手做汤圆,感受节日情致。	
	赏花灯	学生在正副班主任的带领下,到学校习体广场有序欣赏花灯。	
	猜灯谜	学生到习艺楼一楼猜灯谜,猜中者取下该灯谜后到"玉汝于成"兑奖处兑换习性币。	三至六年级

(二) 法定节日课程

法定节日来源于生活,传递着社会生活的集体记忆。学校通过开展法定节日课程让学生关注生活,增强仪式感,见表4-5-3。

表4-5-3 深圳市坪山区中山小学法定节日课程设置表

时间	节日	主题	活动
3月	植树节	建绿色校园 树绿色理想	绿色环保主题班会
			室内绿色评比创意设计大赛
			室内绿色实践养护活动
5月	劳动节	我劳动,我光荣 我创造,我幸福	我是劳动小能手
			"我爱唱歌更爱劳动"个人演唱比赛
			绘画比赛:劳动最光荣
6月	儿童节	童心向党庆六一 智慧筑梦向未来	跳蚤市场义卖活动
			六一班级联欢活动
			科技节体验活动
10月	国庆节	仰望中秋月 感恩中国心	"中秋佳节知多少"趣味有奖知识竞赛
			"情满中秋"诗词吟诵竞赛
			"红领巾讲解员"实践体验活动
			我与国旗的一天(向国旗敬礼、我与国旗合个影、制作国庆小报)

(三) 校园节日课程

我校构建专题式或主题式的校内实践活动教学模式,形成了以五大节及一日生活为主题的100多项实践活动,见表4-5-4至表4-5-6。

表4-5-4 深圳市坪山区中山小学校园节日课程设置表

时间	节日	活动内容	年段
4月	读书节	讲故事	一至二年级
		演讲	三至四年级

(续表)

时间	节日	活动内容		年段
		辩论赛		五至六年级
		经典吟诵		一至六年级
		课本剧		三至四年级
		读书分享		五至六年级
6月	科技节	蜡烛吸水、无字天书、火山爆发、彩色雨滴、彩色喷泉等21种活动		五至六年级
		VR体验、隔空灭火、车模体验、机器人、海模体验、无人机等23种活动		三至六年级
9月	整理节	整理物品	物品收纳方法多	一至六年级
			衣物整理小能手	一至六年级
			我是厨房小能手	一至六年级
		整理时间	我的时间我做主	三至六年级
		修身养性	我是情绪调节师	五至六年级
11月	体育节	趣味活动	翻山越岭、无敌龙卷风、一分钟跳绳、大猩猩赛跑、丢沙包、足球射门、羊角球接力、搭桥过河、迷糊快递员、春种秋收、仰卧起坐、我是神投手等12种活动	一至二年级
		田赛	立定跳远、跳高	三至六年级
		竞赛	60米、100米、200米、50米×8折返跑、50米×6折返跑、4×100米、迎面接力等10种活动	三至六年级
12月	艺术节	器乐类	声乐、管乐、器乐等	班级
		舞蹈类	芭蕾舞、拉丁舞、民族舞等	年级
		语言类	相声小品、演讲、朗诵等	
		曲艺类	戏剧、武术、魔术等	校级

表 4-5-5 读书节主题式实践活动(以 2021 年为例)

主题	书香青春,阅见美好				
时间	2021 年 4 月				
活动目的	为构建书香校园,营造浓郁的读书氛围,落实我校习性教育下"习文""习慧""习志"等培养目标,培养学生敢言、会言、能言的能力,我校举办第五届校园读书节暨语文、数学、英语活动周系列活动,旨在激发学生、老师、家长读书的兴趣与热情,搭建学生展示自我的舞台,共同感受各学科的魅力,享受语言和思维的快乐,促进思想的交流。				
评价内容	活动环节	评价要素	活动内容		参加人员
习志习文习礼习艺习慧	讲故事	语言建构与运用 文化传承与理解 思维发展与提升	内容积极向上,适合本年段学生阅读,故事符合主题等;发音标准、口齿清晰、语速适中、语调富有变化。		一至二年级
^	演讲	语言建构与运用 审美鉴赏与创造 思维发展与提升	内容积极向上,符合主题等;发音标准、口齿清晰、语速适中、语气、语调富有变化;感情自然、充沛,感染力强。		三至四年级
^	辩论赛	语言建构与运用 审美鉴赏与创造 思维发展与提升	用词准确,陈词流畅,说理透彻。逻辑性强,引用实例得当。提问合适,回答中肯,反驳有力、有理,反应机敏,用语得体。		五至六年级
习志习文习礼习艺习慧	经典吟诵	语言建构与运用 审美鉴赏与创造 文化传承与理解	内容积极向上、符合主题。语气、语调处理到位;韵律协调、和谐。感情自然、充沛,感染力强。能准确把握作品内涵与格调。		一至六年级
^	课本剧	语言建构与运用 审美鉴赏与创造 文化传承与理解	剧本创作源自课本,主题鲜明、结构完整、情节流畅。形式灵活新颖、配乐恰当,多媒体内容切合作品内容。		三至四年级
^	读书分享	文化传承与理解 审美鉴赏与创造 思维发展与提升	对所推荐书目的内容表达清楚,能深入理解并延伸。回答提问时现场反应快,理解评委提问的意图,答为所问,能随机应变、自圆其说。		五至六年级

表4-5-6　整理节主题式实践活动(以五、六年级学生为例)

主题	爱整理会劳动,好习性益终生						
时间	2020年9月						
活动目的	贯彻我校习性教育理念,落实一个行动"整理",创造更加良好的育人环境,培养学生整理物品、整理时间、调节身心的能力,认真抓好学生的整理习性,增进团队精神,让学生养成爱整理、会规划、善调节的好习性。						
评价内容	整理类别	整理项目	评价量规	自评	家长评
习志 习体 习礼 习文 习艺 习慧	整理物品	物品收纳方法多	我了解不同的收纳工具	☆☆☆☆☆	☆☆☆☆☆
			我会选择用正确的收纳工具分类整理物品	☆☆☆☆☆	☆☆☆☆☆
			物品用完后我能放在固定位置	☆☆☆☆☆	☆☆☆☆☆
			我能做到"变废为宝"	☆☆☆☆☆	☆☆☆☆☆
			我能做到及时收纳整理	☆☆☆☆☆	☆☆☆☆☆
		衣物整理小能手	我会把鞋子、衣物洗干净	☆☆☆☆☆	☆☆☆☆☆
			我会收纳、分类过季的衣物	☆☆☆☆☆	☆☆☆☆☆
			我会整理床铺	☆☆☆☆☆	☆☆☆☆☆
			我缝的衣服(扣子)美观牢固	☆☆☆☆☆	☆☆☆☆☆
		我是厨房小能手	我能够餐前主动摆好碗筷	☆☆☆☆☆	☆☆☆☆☆
			我懂得就餐礼仪	☆☆☆☆☆	☆☆☆☆☆
			我主动把餐具清洗干净	☆☆☆☆☆	☆☆☆☆☆
			我能做一道美味的菜肴	☆☆☆☆☆	☆☆☆☆☆
	整理时间	我的时间我做主	我会合理安排时间并制定计划表	☆☆☆☆☆	☆☆☆☆☆
			我能控制每天使用电子产品的时间	☆☆☆☆☆	☆☆☆☆☆
			我能做到今日事今日毕	☆☆☆☆☆	☆☆☆☆☆
			我有明确的学习目标	☆☆☆☆☆	☆☆☆☆☆
			我每周主动和父母、朋友(同学)谈心谈话一次	☆☆☆☆☆	☆☆☆☆☆

(续表)

评价内容	整理类别	整理项目	评价量规	自评	家长评
			我会采用积极的行动来转移注意力	☆☆☆☆☆	☆☆☆☆☆
			我会采用积极的言语来消除坏情绪	☆☆☆☆☆	☆☆☆☆☆
			我会转变思维方式,正向思考	☆☆☆☆☆	☆☆☆☆☆

节庆课程之读书节系列活动之一的辩论赛,一方面培养学生能言善辩的语言表达能力,另一方面引导学生在言辞激烈的辩论过程中也能做到不卑不亢,表现出绅士风度,有助于学生完善自身性格。

(四) 纪念日课程

纪念日见证和记载中国革命伟大历史进程,学校通过开展纪念日课程让学生牢记历史,提升爱国情怀,见表4-5-7。

表4-5-7 中山小学纪念日课程

时间	节日	主题	活动
10月	建队日	做新时代好少年	主题班队会活动
			"我与队旗共成长"座谈会
			大队委换届选举
11月	孙中山诞辰纪念日	革命先行者 时代警醒人	国旗下演讲
			主题班队会活动
			少先队活动
12月	南京大屠杀死难者国家公祭日、澳门回归纪念日、毛泽东诞辰纪念日	仰望中秋月 感恩中国心	国旗下演讲
			主题班队会活动
			少先队活动

第六节 ┃ 项目学习：学科知识融合，培养创新能力

依据坪山区"品质课程系列"建设方案，为进一步加强跨学科融合课程设计与实施方式探索，拓展学生综合素养发展路径，培养适应未来的创新型人才，我校自2020年以来，组织教师培训，邀请专家解读项目式学习和跨学科融合的理念和实施方式，大力鼓励教师实践，在跨学科项目规划、实施、成果梳理等全过程中给予老师专项指导，积极推动老师们转变传统教学方式，大胆创新，勇于实践，开发了项目式、探究性的跨学科学习项目，包括"向日葵花开了""自制酒精免洗洗手液""手工黏土制作微观物质模型""环保小卫士""超级小厨师"等15门跨学科的项目式融合课程及小课题，见表4-6-1。

表4-6-1 中山小学跨学科融合项目一览表

序号	项目名称	立项时间	负责人	备注
1	手工黏土制作微观物质模型	2020年课程	朱思楠	区一等奖
2	自制酒精免洗洗手液	2020年课程	王菁瑜	市三等奖
3	超级小厨师——以制作"客家酿豆腐"为例	2020年课程	揭月琴	区二等奖
4	向日葵花开了	2020年课程	俞芳芳	区二等奖
5	环保小卫士	2020年课程	雷丽红	已结题
6	魅力坪山，一册就GO	2020年课程	漆燕洁	区二等奖
7	萌萌的多肉	2020年课程	谭玉苹	已结题
8	我是小飞人	2021年课程	王志芳	已结题
9	教室设计	2021年课程	林翘	已结题
10	寻味传统节日	2022年课程	俞芳芳	已结题
11	电子视力表制作与销售	2022年课程	王子璇	已结题

(续表)

序号	项目名称	立项时间	负责人	备注
12	显微镜下的微观世界	2022 年课程	侯跃芳	已结题
13	酸奶的制作与营销	2022 年课程	朱思楠	已结题
14	语音识别自助电子视力表制作研究	2022 年小课题	王菁瑜	已结题
15	小学生喝饮料情况调查探究	2022 年小课题	高淑琳	已结题

一 手工黏土制作微观物质模型课程

依据小学科学六年级课本教材提出的世界上的物质都是由微粒构成这一内容，结合当今学科融合的指导性观点，学校开发了将科学、数学、美术、信息技术、语文、英语等多学科有机结合，使用黏土设计制作常见物质微观结构的课程，以微粒的本质结构为线索，引导学生从原子、分子水平上认识物质构成的规律，帮助学生实现思维从宏观物质过渡到微观层面的转变，为以后的知识学习打下更加坚实的基础。

本课程适用于四至六年级，以培养学生科学素养为总目标，并且提出了六大学科相结合的分目标，从而构成小学阶段科学学习需要达成的基本要求，即通过课程的三部分内容实施来达成，包括科学知识、设计与技术、科学探究。本课程作为跨学科项目，利用多种途径与方式，使学生有机会学习多学科的基础性知识，激发学生的求知欲和好奇心，充分调动学生自主学习的积极性，尤其是引导和培养学生获取知识的能力，以及运用多学科的知识分析和解决实际问题的能力，使学生形成复合型的知识、能力和素质结构，包括：语文学科培养的阅读和撰写说明文、科普文的能力，运用于多渠道收集物质的微观结构的相关信息，并筛选资料中的有效信息；数学学科学习的数学计算方法，帮助学生计算键长和原子半径，体现运用数学知识解决实际问题能力；科学学科学习的有关常见物质晶体结构的知识，帮助学生进入微观世界；信息技术学科的学习，帮助学生了解专业软件 VESTA 的基本用法，以及 PPT 的制作和计算机的运用；美术学科的手工课程的教学内容，运用于模型的设计稿绘制和模型的制作，培养学生的理性思维、创新素养、动手能力。此外,设计美观的汇报 PPT,还可以提升学生的审美能力。综合实践学科的成果展示课综合性地培养学生语言表达、公共讲演的能力,见图 4-6-1。

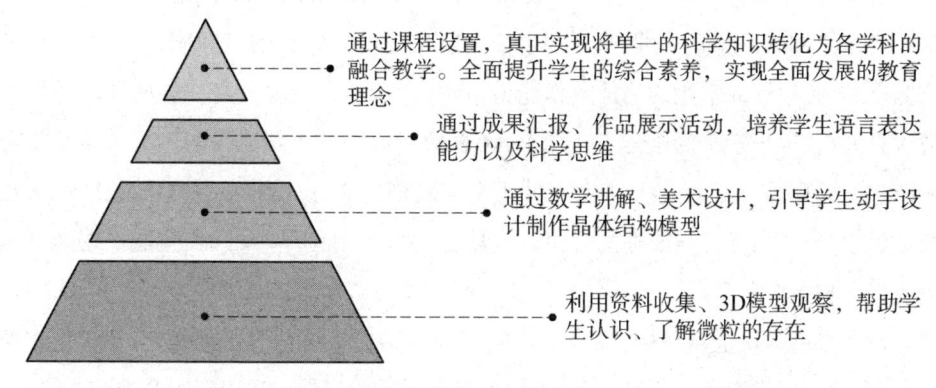

- 通过课程设置,真正实现将单一的科学知识转化为各学科的融合教学。全面提升学生的综合素养,实现全面发展的教育理念
- 通过成果汇报、作品展示活动,培养学生语言表达能力以及科学思维
- 通过数学讲解、美术设计,引导学生动手设计制作晶体结构模型
- 利用资料收集、3D模型观察,帮助学生认识、了解微粒的存在

图 4-6-1 手工黏土制作微观物质模型课程设计理念

二 电子视力表制作与销售课程

在近视问题呈现低龄化、重度化的趋势下,如何简便检测视力,做到"及时发现近视,避免近视加深",已成为学生、家长、学校普遍关注的问题。学校从这一切入点出发,带领学生研究、制作与销售电子视力表,既能够在制作与销售的过程中综合运用数学、信息技术、科学、语文、美术等各学科知识,进一步加深对保护视力的认识,又能够以电子视力表制作原理、步骤、装饰与销售推广为核心,制作四阶段进阶式学习,锻炼学生的动手、表达、思辨等能力,实现学生综合素养的全面提升,见图 4-6-2。

本课程适用于四年级,课程目标由知识与技能、过程与方法、情感态度与价值观三大目标组成。

知识与技能目标:在阅读与撰写科普文、说明文、销售文案的过程中学习撰写科普文、说明文、应用文的相关技法;了解统计学基本知识,掌握基本的比例计算方法与调查、统计的分析方法,用以统计数据和制定销售策略;学习相关仪器的使用原理与方法以及工程学和视力检测标准相关知识,用以制作电子视力量表;了解计算机的基本使用方法和PDF、PPT文档的制作方法,用以调试设备参数及制作宣传资料;掌握基本的手工与绘画、填色技巧,用以设计品牌创意包装和产品说明书。

过程与方法目标:在记录实验的原理、过程、注意事项、结果和反思的过程中,提升学生的阅读能力,培养学生运用多种手段去收集、选择、组合信息的能力;培养学生的团队合作意识,提高学生的沟通协作能力,让每个成员在发挥自身优势的同时将团队力量最大化;提升学生的语言表达能力,认真倾听他人需求和建议的优秀品质与想他人所想的同理心;提升学生综合思维能力与实践创新能力,培养学生对学习过程、方法和结果进行反思、评价与改进的意识;培养学生主动、持续学习的能力,能根据老师提供的任务自主开展学习。

情感态度与价值观目标:将生命教育、生活教育及生涯教育落到实处,让学生在实操过程中懂得保护视力,珍爱生命,将学习与生活中所得知识运用到实践当中,体悟发明创新源于生活、高于生活的特点,全面提升学生的情商、财商、逆商,并让学生在不同的职业体验中发现自身的独特优势与生命潜能;培养学生务实求真的学习风格,激发学生主动学习、勇于实践的优良品质;提高学生审美情趣与创新思维、能力,激发学生的创新意识与创作热情,在信息化时代的大背景下,在各项智慧技术手段的支持中体会创新创意乃至创业的活力与乐趣,亲身体悟何为学以致用、知行合一。

本课程根据科学探究的基本步骤,将课程设计为四阶段进阶式学习(见图4-6-2),锻炼学生的动手、表达、思辨等能力,实现学生综合素养的全面提升。

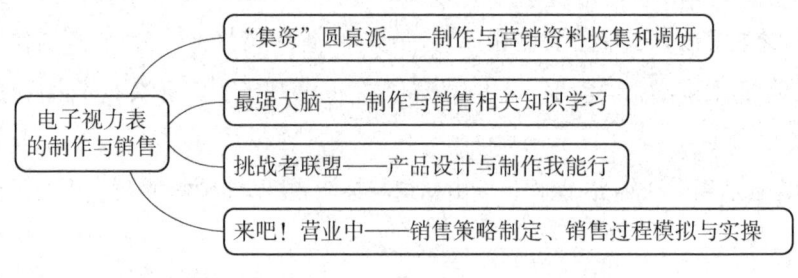

电子视力表的制作与销售
- "集资"圆桌派——制作与营销资料收集和调研
- 最强大脑——制作与销售相关知识学习
- 挑战者联盟——产品设计与制作我能行
- 来吧!营业中——销售策略制定、销售过程模拟与实操

图4-6-2 电子视力表制作与销售课程四阶段

三 自制酒精免洗洗手液课程

本课程属于我校"六习"课程体系中的习慧课程。本课程充分体现"习慧"目标中的创新、质疑、静思。酒精免洗洗手液是学生们常用的清洁品。在前期准备阶段,学生通过资料收集,来了解市面上酒精免洗洗手液的成分作用以及原理,锻炼阅读说明文、科普文,并筛选资料中的有效信息的能力。学生通过讨论,请教科学老师、数学老师,制定实验计划。具体实施时,充分体现学生的理性思维、创新素养、动手能力。课程后期,学生设计简单好看的酒精免洗洗手液外包装和制作汇报PPT,则是信息技术与美术审美判断的融合。

本课程适用于五年级,学生通过收集市面上酒精免洗洗手液的主要成分和成分作用,来了解酒精免洗洗手液的成分,认识常见的化学物质及其作用;通过分析酒精免洗洗手液的成分表,学会利用数学公式计算各成分的用量;通过研究生活中常见日用品的产品标签,认识产品标签的组成,进而设计酒精免洗洗手液成分表;通过配制酒精免洗洗手液,学会相关实验仪器的操作方法;通过设计检验自制的酒精免洗洗手液杀菌作用实验,体会科学探究的过程,对于对比实验有更深层次的理解;通过探究自制酒精免洗洗手液的过程,了解到酒精免洗洗手液的发明制作来之不易,要节约使用酒精免洗洗手液;通过进行实验成果汇报活动,锻炼表达汇报和制作PPT的能力,培养团队协作能力。

四 寻味传统节日课程

课程以传统节日——清明节、端午节、中秋节三个节日的实践活动为主线,以教师主导、学生主体的方式进行交流学习。从春节和元宵节开始,学生充分感受传统节日的美好,享受传统节日的特色美食。当清明节来临时,学生充分探究清明节的习俗,通过制作青团激发兴趣,感受美食背后的传统节日文化内涵。端午节前,教师引导孩子们充分了解端午节习俗、包粽子、自制香囊,引导学生思考如何才能传承传统节日文化。在中秋节,学生分小组进行探究学习,了解其习俗,制作各式各样的月饼,寻求传承其文化的路径,发挥主观能动性,不断加强传承传统节日文化的意识。而后,学生自发组织传承传统文化活动,如制作冰糖葫芦进行摆摊宣传,以实际行动传承传统文化内涵。

本课程适用于四年级,课程目标包括三类。一是知识与技能目标:语文方面,了解清明节、端午节、中秋节三大传统节日的由来、习俗、古典诗词等传统文化知识,了解传统美食的成因及背后的文化,领略中华文化的博大精深;科学方面,了解营养学初级知识和中国膳食宝塔,掌握营养搭配的基础知识;劳动方面,学会制作青团、粽子、月饼、冰糖葫芦的方法,制作传统节日的特色美食;音乐方面,学会一个与中秋节相关的歌舞节目,编排并表演;综合方面,了解基础的调查统计与分析方法。二是过程与方法目标:围绕清明节、端午节、中秋节三大传统节日开展探索性活动,培养学生运用多种手段去收集、选择、组合信息的能力;学生增强团队合作意识,提高沟通交往能力,能主动加入团队协作,发挥自身优势,帮助团队解决问题;提升学生综合思维能力、实践创新能力,培养学生对创作过程、方法和结果进行反思、评价与改进的意识,培养学生持续学习的能力,能根据老师提供的任务自主开展学习。三是情感态度与价值观目标:深度感受清明节、端午节、中秋节三大传统节日文化精髓,传承中华民族优秀传统文化,培养学生家国情怀、国际视野与文化自信;培养学生务实求真的学习风格,激发学生主动学习、勇于实践的优良品质;提高学生审美情趣,激发学生创新意识与创作热情,学生在传统节日文化中体验劳动的乐趣。

五 魅力坪山,一册就 GO 课程

本课程是旨在发展学生综合素养的跨学科融合课程,课程以"如何创作一份坪山旅游手册"为驱动任务,融合语文、数学、信息技术以及美术等学科领域知识与能力,其中语文是本课程的核心学科,学生在了解的基础上学会鉴赏,从而驱动创作。具体实施时,教师鼓励学生大量收集信息、整理分类资料来了解坪山,引导学生广泛阅读旅游导览,总结导览结构和特点,在实地走访考察之后,学生参照模板,绘制坪山地图、创作坪山导览、设计坪山旅游手册。

本课程适用于五年级,培养学生跨学科核心知识,让学生从老师提供的视频、图

片、文字等资料中了解坪山、提升收集坪山资料、提取重要信息的能力,能够根据老师搭建的支架介绍旅游景点;通过观看视频旅游导览、阅读微信推文、浏览旅游手册,厘清结构、提炼特点、总结可取之处,初步形成坪山旅游导览制作构思;学生学会读地图,能根据参照地找到目的地的方向,能根据地图比例尺初步学会距离的计算,能在坪山地图上标记出重要景点的大概位置;学生通过阅读和学习范例表,小组交流讨论,能够有针对性地采集和描述照片,介绍游访过程和途中可能遇到的问题与解决办法;学生小组分工合作,自行选择游访景点,做好游访攻略,并在游访后记录游访的收获与体验;学生通过观察,初步了解坪山景点地图,在画表格的基础上,能够绘出坪山地图,确定各景点、道路、河流、山地等的方位;通过小组合作制作旅游方案,学生主动获得知识和信息,养成主动获得信息的学习习性和主动探究的态度;学生感受丰富多彩的坪山风光,激发热爱坪山、热爱祖国的情感,激发学习兴趣;学生浏览旅游导览,提取结构,并能理解导览八大部分所包含的内容;学生精读导览,基于对坪山的了解,构思导览每个部分所包含的具体内容;学生用 PPT 和展板展示旅游手册设计,汇报介绍作品、设计想法、设计意图、分工合作的流程和心得体会;学生浏览各个小组的作品,并针对作品提出修改和完善的建议和评价;根据建议和评价,讨论、汇报如何修改完善作品。本课程培养学生跨学科核心能力,包括:团队合作能力,学生在小组活动中分工合作、积极讨论、主动配合、乐于互助;沟通协调能力,学生在课堂中善于听取他人意见,并提出建议,小组内协调一致,完成课程中各课时的任务;创新能力,学生在赏析各种旅游手册、搜集坪山信息的基础上,制作具有自己小组独特风格的旅游手册。

六 超级小厨师课程

超级小厨师课程根据学生目前劳动教育的实际情况,立足于学生的多元学习需求,联合科学、美术、数学等多个学科,通过小组合作的方式,以制作"客家酿豆腐"为例探索家庭日常烹饪方法,丰富学生的劳动体验,培养学生的劳动实践能力和创新意识。本课程在实施过程中,希望让学生领悟到:当他用稚嫩的眼睛看世界的时候,不局限用一种方法去看待,而可以用文学、音乐、美术、科学、信息等各种视角去触摸、去聆听、去欣赏、去探究,他的眼界会与众不同,他的收获会变得色彩斑斓。

本课程适用于四至六年级,让学生经历菜谱分析的具体情境,从中抽象出数学"比"的过程,体会认识"比"的必要性,并学会化简"比";结合常见调料使用经历,从科学的角度探索调料不同功能的本质意义,深入认识调料;了解到可以运用美术中的美学知识来装饰美化菜品,并掌握摆盘的相关技巧;了解所有学科知识之间的关联,通过实践加深对知识的理解,认识美术、科学和数学的社会功能。

第七节 ｜ 环境创设：构建显性空间，调动感观交互

人是环境的产物。在某种特定的环境中，每个人都会受到特定的影响。习性教育继承马克思的环境论和杜威的教育环境论，把环境分为可感知环境和非感知环境，提出基于人的感觉唤醒的可感知环境创设的观点。教师应当成为环境的创设师，创设出适合学生成长的环境。我们通过校园文化创设显明可感知环境，培养学生综合素养和良好习性，取得了明显育人效果。

一 学校对联文化

对联是中国传统文化瑰宝，其对仗工整，平仄协调，是一字一音的汉语独特的艺术形式。中山小学随处可见的"厚德楹联"就有鲜明的育人气息，如育人目标对联"习性是根，骎骎骎马尽骐骥；育人为本，森森林木皆栋梁"，横批"立德树人"。育人方式对联"天性人性德性，性性兼习是骐骥；知识见识胆识，识识具备成栋梁"，横批"百年大计"。学习方式对联"中涵智慧，事事着手宜从小；山育英豪，人人放眼皆可学"。学校图书馆对联"图自河图，一图便解天下事；书源洛书，万书难尽世间学"，横批"馆藏古今"。校园环境以对联形式表现，古意古韵，具有鲜明浓郁的育人气息。

对联文化进校园，是弘扬国粹、传承国学的重要举措。在每学期的读书节活动期间，全校学生了解对联文化，高年级的学生尝试创作对联，低年级学生背诵学校对联文化解说词。这一活动的开展使学生的语言文字运用能力得到提高，培养了学生的思想道德，让学生更加热爱自己的学校。

二 校园环境文化

1. 景观文化。教师是环境的创设师，创设显明可感知的良好环境，有利于学生各

类良好习性的培养。学校围绕"健康、文明、智慧、高雅"这一育人目标,建构习性教育的学校环境文化,以中国风的校园环境设计,呈现雅致厚朴的环境特质,打造了博雅书吧、智慧书馆、奇骏大道、习性舞台、厚德楹联、空中花园、璞玉照壁、国粹环廊、骐骥之窗、追梦乐园等十大特色人文景观。

2. 墙壁文化。学校提出"让每块墙壁都会说话",向全校师生征集名言警句及师生作品,并将其中的佳句、名作制成标牌固定在墙壁上,使师生深受激励并随时随地受到感化和教育。学校还设置笑脸墙,将班级之星、年级之星、学校之星的笑脸照片用相框固定在墙壁上。教室、办公室里使用带有"努力向学,蔚为国用"学风和"平等、博爱、敬业、奉献"教风的字样的装饰物,营造了积极进取的校园文化氛围。

3. 千里马文化。"马"是学校办学理念的核心元素,校门口上方的校徽就以一匹奔腾的骏马作为设计元素,这喻示着每一个孩子都是千里马,老师要做善于发现千里马的伯乐。在中国传统文化中,马代表的是"天","天行健,君子以自强不息"。学校的特色景观之一"奇骏大道",就由美术科组教师和学生精心绘制装饰,以国画的形式呈现,绘有万马奔腾图、吕布的赤兔马以及刘备的的卢马等。

学校占地面积不大,但既有传统意蕴,又有现代气息。学校有一支成熟的校园文化解说队,来校参观的外宾在礼仪队员的带领下,能够感受到每一面墙都有温度,每一个装饰品都有内涵。架空层间的走廊上,精心布置了学生的书画作品和手工作品,每月还会定期更换美术课堂作品展,还有各班评选的阅读之星和书法之星也会在此展示,营造书香校园氛围,让每一个空间都不失单调,尽可能给予孩子们更多的展示机会。

学校绿意葱葱,在一楼的校园走道、操场旁随处可见绿色植物,一草一木充满诗情画意。师生浸润在宁静和美的校园环境中,置身于典雅、和谐的文化气氛里,追求真善美的教育境界。

三 活动文化

学校每年定期开展艺术节、读书节、科技节、体育节、整理节等大型活动,充分整合校内校外资源,围绕学生个性发展需要和兴趣特长,开发出68门供学生自主选修的个性课程和合作课程。学生在参与活动的过程中,各美其美,美美与共,尽情展现自我,收获成功与自信。

学校在每年的四五月举办读书节,通过讲故事大赛、家庭亲子课外阅读知识竞赛、辩论赛、吟诵等一系列课程内容,提高学生的语言感受能力、口语表达能力和逻辑思维能力,共享语言的快乐,促进思想的交流,极大地提升了学生的语文核心素养。

人作为万物之灵,具有改造或创设环境的能力。2021年9月,学校举行了首届习性整理节,让学生亲身体验整理的重要性。同学们在校内学习各种整理技能,在班级和年级内开展"整理小达人"竞赛。学校还制定了家庭劳动整理项目评价表,学生参与做家务,学会洗碗、洗杯子、整理衣物、使用家电等。通过"整理"这一行动,学生能够学以致用,课后整理所学知识,在游历中增长见识,关心天下事。同时,学生逐渐学会与朋友、父母沟通的方式,做到与他人和谐共处。在这个过程中学生不仅掌握了收纳整理的技巧,提高劳动动手能力,还发展了思维能力。

四 班级文化

苏霍姆林斯基说过,只有创造一个教育人的环境,教育才能收到预期的效果。教室内,前有师生共同制定的习性公约以及班级值日表、班干部表等,后有主题黑板报、班旗、班级口号、正副班主任照片、班级"小骐骥"照片等。教室外,走廊有各班布置的图书角,外墙还悬挂着班级电子班牌,以班级文化建设为主,尽展班级风采,普及科学知识,拓宽学生视野,提高信息素养。教室内根据班级情况,有学生优秀作业展、种植盆栽、班级荣誉墙等。学校各班级布置体现班级特色,教室环境怡人宜情。

1. 每日习性晨会。除了每周的班会课,我校规定每天早上第一节课之前的10分钟是全校习性晨会时间。师生可利用这个时间,总结前一天的班级表现情况,树立典型榜样、分享时事见闻、探讨问题解决等。晨会时间给性格内向的孩子提供了展示的机会,让他们在演讲时更加大方自信。这不仅给学生良好的情绪体验,引导学生树立正确的价值取向,还有利于良好班风的形成。

2. "千里马班级"评比制度。学校通过对每班的纪律、卫生、两操等方面的检查,评选出每周的"千里马班级",进行每日一检、每周一评、每月一结、每期统计的评比活动，在每周的升旗仪式上颁发"千里马班级"锦旗，提高学生的集体荣誉感，使班风、学风呈现良好的发展态势。

　　为儿童提供可感的学习经历，是最显明、最重要的教育环境，不仅能够帮助孩子们更好地理解知识，还可以提升他们的学习兴趣和参与度，培养他们的主动性和创造性。可感的学习经历不仅是教育体系的核心部分，更是传承知识、培养人才、维系社会发展的关键环节，在教育过程中具有至关重要的意义。

（深圳市坪山区中山小学　郑梦芝　王丽聪　张　彬）

第五章
让生命自由呼吸

以习志为魂,习体为骨,习礼为韵,习文为翼,习艺为彩,习慧为光。借助互联网技术的力量,我们深度挖掘课程的新质评价力,使之成为教师优化教学的明灯、学生自我完善的灯塔。新质课程评价不仅点亮了教师教学的智慧之光,更点燃了学生自我完善的内心之火,让每一个生命都绽放出独特的光彩。

第一节 ▎ 评价目标：唤醒每一个生命的自觉

客观、明确的评价目标，能够帮助我们回顾现在、展望未来，重新思考教育者习以为常的问题，打开我们教育者思路，促进学生综合全面发展，推动教育教学改革。我校结合习性教育"六习"课程体系，根据习性培养之习志、习体、习礼、习文、习艺、习慧六大维度，通过评语评价、写实记录、重要观测点计分三大形式，构建习性教育"六维三层"评价体系。我校结合互联网技术，深度实施课程评价，促进教师改进教学，促进学生积极主动地完善习性、提升综合素养，最终达成"健康、文明、智慧、高雅"的育人目标。

习性教育"六维三层"评价体系，包括建立习性培养的评价指标体系、习性培养集体评价机制以及过程性评价机制。过程性评价机制包括每天评价、每周的整体表现评价、月评价和学期（年）评价4个类型。过程性评价贯穿于习性培养的个体评价、集体评价及专门的习性教育课程的评价之中，见图5-1-1。

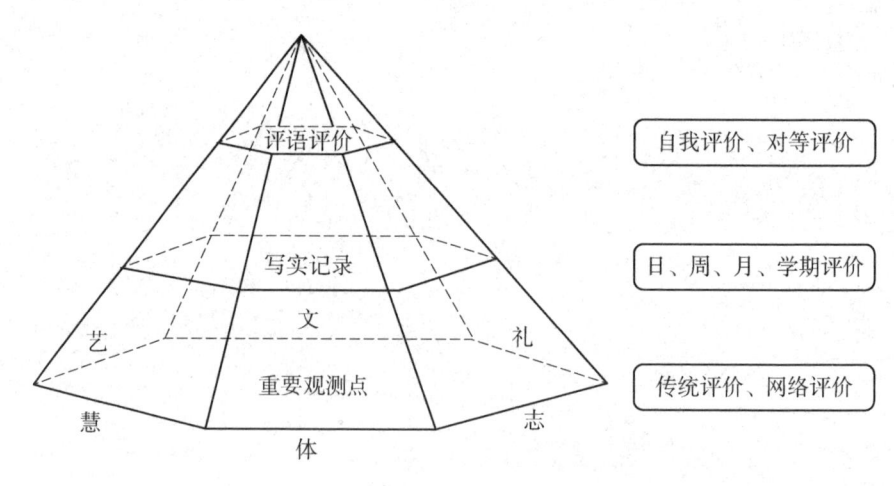

图5-1-1 中山小学习性教育"六维三层"评价体系

一 建立评价目标

在教育教学实践中,教师应以中小学教育评价总目标为指引,尽量具体、全面观察评价学生综合素质,促进学生全面发展,不应只针对某一方面,如学习态度或学习方法。设计评价指标时,应从多个方面去考虑,再具体分析这些内容的行为或表现,见表5-1-1。

表5-1-1 现代中小学教育评价总目标

教育评价的总目标	与学业成就直接相关	知识和技能目标	理解、知识、思考、技能、生活实践能力等
		情意目标	态度、鉴赏、兴趣、习性、品德等
	与学业成就间接相关	学生的天赋、性格等	
		学生的环境:家庭状况,交友情形,学校条件、管理、教师、课程、教材等	
		身体的评价目标:身体和健康状况等	

二 依据课程目标明确评价目标

评价目标来源于课程目标,根据学校课程结构中的基础课程、拓展课程和个性课程3类课程目标,明确相应的课程评价目标,落实"健康、文明、智慧、高雅"的育人目标,见表5-1-2。

表5-1-2 中山小学习性教育课程评价目标

课程类别	评价目标
基础课程	1. 习得人文、科学等各领域的知识和技能,成为有深厚文化基础的人。 2. 学生掌握科学的学习方法,养成良好的学习习性,成为乐学善学、勤于反思的人。 3. 学生涵养内在精神,追求真善美的统一,成为有更高精神追求的人。

(续表)

课程类别	评价目标
拓展课程	1. 学生养成良好的社会习性、完善的性格、健全的人格,成为全面发展的人。 2. 学生勇于实践,敢于创新,善于合作和交往,成为知识、见识和胆识兼备的人。 3. 学生处理好自我与社会的关系,具备一定的社会责任感,成为有理想信念、敢于担当的人。
个性课程	1. 学生认识和发现自我价值,发掘自身潜力,成为具有独特个性和一技之长的人。 2. 学生有效管理自己的学习和生活,成为有明确人生方向、有生活品质的人。 3. 学生具备一定的健康意识、人文情怀、创新意识和审美情趣,成就出彩人生。

第二节 ▎ 评价指标：让每一个生命独特生长

习性教育的提出顺应时代的潮流，要求在突破传统单一评价体系的基础上，形成个性化的评价标准，避免"有教一类"的教育结果。首先，坚持以人为本原则。习性教育的对象是充满个性的、习性和性格各不相同的人，评价学生应注重保证学生的主体性，从学生自身的体、文、慧、艺、礼、志等方面出发，通过系统化的教育推动学生习性的塑造与发展。评价教师应与教师专业发展紧密结合起来。其次，坚持尊重差异原则。评价者应有一颗仁爱之心、包容之心，关注学生的差异需求，促使学生不断发展。最后，坚持注重过程原则。教育是一个长久的过程，评价要实现从注重结果到注重过程的转向，依据课程标准，以习性为指向对学生、教师进行过程评价。

一 学生"六习"素养综合评价指标

学校根据课程标准及"六习"课程内容确立评价指标，通过评比展示、学习活动、建立档案等途径，结合日常、阶段、学期3个阶段的评价表现，对学生进行自评、家长评、同学评、教师评，全面评价学生的身体健康、志向意志、礼仪习性、文化素养、艺术情操、创新精神等，重在对学生综合素养的评价，从而促进学生全面发展。具体见表5-2-1至表5-2-3。

表5-2-1 中山小学学生"六习"素养综合评价指标（一、二年级）

维度	要素	关键表现（指标）	自我评价	家长评价	同学评价	老师综合评价
习志	立志	1. 听立志故事，了解何为志向。 2. 围绕生活、学习等方面设立周目标，并努力实现。				
	砺志	1. 努力实现自己设立的小目标。 2. 遇到困难不害怕，可以请求帮助。				

(续表)

维度	要素	关键表现(指标)	自我评价	家长评价	同学评价	老师综合评价
	守志	1. 学会从生活、学习等不同方面树立目标。 2. 在父母老师的帮助下坚持目标。				
习体	体健	1. 认真上好体育课,体质测试合格。 2. 热爱生活,阳光自信,积极乐观。 3. 每天运动一小时,有一项喜欢的运动项目,兼顾其他运动项目。				
	体勤	1. 饭前便后洗手,勤剪指甲。 2. 学会穿衣叠被、整理书包。 3. 积极参加劳动,勤做家务。				
	体美	1. 体格健美,不近视、不过于瘦弱或肥胖。 2. 穿戴得体,仪表整洁,坐立行姿势正确。 3. 看到垃圾捡起来,保持环境整洁。				
习礼	礼制	1. 遵守学生守则,做文明礼貌学生。 2. 学习文明礼仪要求。				
	礼仪	1. 见到师长、客人主动问好。 2. 进校、放学、体育课、集会排队秩序井然。				
	礼度	1. 认识、了解自身的各种情绪。 2. 认真倾听,真诚有礼。				
习文	习言	1. 能大胆流利地进行表达,声音清楚响亮。 2. 能流利背诵一两本国学经典启蒙。 3. 能当众生动流利地讲故事。				
	习字	1. 坐姿笔姿正确,能写好规范字。 2. 能借助各种识字方法,自主识字。 3. 能按正确笔画写字,字迹工整。				
	习作	1. 每天阅读不少于15分钟。 2. 对写话有兴趣,能看图写话或创作绘本故事。 本学期读了( )本书。				

(续表)

维度	要素	关键表现(指标)	自我评价	家长评价	同学评价	老师综合评价
习艺	技艺	1. 认真上好艺术课,学业达到课程标准。 2. 积极参加艺术活动,学会一门技艺。				
	审美	1. 定期到美术馆看画展。 2. 在观展中做文明观众。				
	想象	1. 保持一颗好奇心,能对事物进行想象。 2. 生活中经常有些不一样的小妙招。				
习慧	静思	1. 不大声说话,保持安静的学习环境。 2. 善于观察,独立思考。				
	质疑	1. 保持一颗好奇心,爱提问题。 2. 积极参与合作学习,发表自己的看法。				
	创新	1. 有自己独到的看法,敢于提出新见解。 2. 积极参与科学小实验,大胆实践。				

星级评价说明:在各项"评价栏"里画五角星进行等级评价,一共3个星级,含义如下:★表示"加油";★★表示"良好";★★★表示"特棒"。

表5-2-2 中山小学学生"六习"素养综合评价指标(三、四年级)

维度	要素	关键表现(指标)	自我评价	家长评价	同学评价	老师综合评价
习志	立志	1. 能给自己定下阶段性目标,并付诸行动。 2. 向身边优秀的同学、榜样学习。				
	砺志	1. 为自己的阶段目标付诸行动。 2. 遇到挫折不灰心,努力克服,不退缩。				
	守志	1. 能围绕阶段目标,设置实施计划。 2. 制定好的计划能坚持完成。				
习体	体健	1. 认真上好体育课,体质测试合格。 2. 热爱生活,阳光自信,积极乐观。 3. 每天运动一小时,掌握两三项运动的技巧,兼顾其他运动项目。				

(续表)

维度	要素	关键表现(指标)	自我评价	家长评价	同学评价	老师综合评价
	体勤	1. 饭前便后洗手,勤剪指甲。 2. 勤做家务,学会整理房间、教室。 3. 为父母、师长做力所能及的事情。				
	体美	1. 体格俊美,不近视、不过于瘦弱或肥胖。 2. 穿戴得体,仪表整洁,坐立行挺拔端庄。 3. 学习劳动课程,并乐于实践。				
习礼	礼制	1. 根据学生行为规范,改掉不良言行。 2. 学习礼仪故事,明白礼仪对人的影响。				
	礼仪	1. 和人交往有礼貌,懂得问好、握手、敬礼等文明行为。 2. 集会快、静、齐,升旗时肃立高唱国歌。				
	礼度	1. 适当控制情绪,不乱发脾气,待人随和。 2. 懂得礼让他人,宽容大度,帮助他人。				
习文	习言	1. 能正确表达自己的观点与见解。 2. 能流利背诵一两册国学经典,理解书中的道理。 3. 能当众发表一段演讲。				
	习字	1. 坐姿笔姿正确,能写好规范字。 2. 能够勤查字典,主动识字并了解字义。 3. 能把汉字写得工整美观。				
	习作	1. 每天阅读不少于20分钟,能做阅读批注并积累好句。 2. 善于观察与积累素材,能写语句通顺、感情真挚的文章。 本学期读了( )本书。				
习艺	技艺	1. 认真上好艺术课,学业达到课程标准。 2. 学会一两门技艺,并能够大胆展示。				
	审美	1. 定期听音乐会、看画展。 2. 在观展中做文明观众,对作品有感受。				
	想象	1. 保持一颗好奇心,能有目的地进行想象。 2. 打破常规,有自己的奇思妙想。				

(续表)

维度	要素	关键表现（指标）	自我评价	家长评价	同学评价	老师综合评价
习慧	静思	1. 不大声说话，保持安静的学习环境。 2. 保持独立的思考，有自己独到的见解。				
	质疑	1. 能从不同角度提出问题并尝试解决。 2. 积极参与合作学习，懂得合作方法。				
	创新	1. 能从不同角度思考问题。 2. 喜欢动手探究，积极参与探究性活动。				

星级评价说明：在各项"评价栏"里画五角星进行等级评价，一共3个星级，含义如下：★表示"加油"；★★表示"良好"；★★★表示"特棒"。

表5-2-3　中山小学学生"六习"素养综合评价指标（五、六年级）

维度	要素	关键表现（指标）	自我评价	家长评价	同学评价	老师综合评价
习志	立志	1. 理想远大，积极进取，树立人生目标。 2. 树立人生榜样，向名人伟人学习。				
	砺志	1. 积极参与研学、游学、社会实践。 2. 遇到困难，能想出好办法解决问题。				
	守志	1. 总结自己在实现目标的过程中遇到的问题，调整实践计划。 2. 决定了的事能坚持不懈。				
习体	体健	1. 认真上好体育课，体质测试合格。 2. 热爱生活，阳光自信，积极乐观。 3. 每天运动一小时，掌握两三项运动的技巧，有一项擅长的运动项目。				
	体勤	1. 饭前便后洗手，勤剪指甲。 2. 勤做家务，学会整理房间、教室。 3. 积极参与社区服务、志愿服务。				
	体美	1. 体格俊美，不近视、不过于瘦弱或肥胖。 2. 穿戴得体，仪表整洁，神采奕奕。 3. 学雷锋，做好事，帮助他人。				

(续表)

维度	要素	关键表现(指标)	自我评价	家长评价	同学评价	老师综合评价
习礼	礼制	1. 了解中华礼节,继承优良传统。 2. 明白礼制对社会发展、个人成长的意义。				
	礼仪	1. 集会安静有序,展现良好风貌。 2. 了解校园文化,可以为客人介绍校园。				
	礼度	1. 掌握调控情绪的方法,保持良好心态。 2. 彬彬有礼,谦逊有节。				
习文	习言	1. 与他人交流顺畅,做到文明有礼。 2. 能流利背诵一两册国学经典,能够将书中的道理运用到实际生活中。 3. 能根据观点具体阐述理由,具有说服力。				
	习字	1. 热爱中国汉字,了解汉字的起源。 2. 学会赏字,所写汉字具有书法味道。				
	习作	1. 每天阅读不少于30分钟,能有所思考和感悟并做记录。 2. 勤于写作,积极创作,文章立意高、选材新、语言妙。 本学期读了( )本书。				
习艺	技艺	1. 认真上好艺术课,学业达到课程标准。 2. 学会两三门技艺,并有一项特别擅长。				
	审美	1. 定期听音乐会、看画展等,陶冶情操。 2. 在观展中做文明观众,能做出适当评价。				
	想象	1. 保持一颗好奇心,能合理联想与想象。 2. 有自己的奇思妙想,大胆试验探索。				
习慧	静思	1. 有一颗宁静的心,能安静、自主学习。 2. 能独立思考,会自主解决问题。				
	质疑	1. 能提出有价值的问题,并自主探究。 2. 遇到问题可以求助同伴,合作解决。				
	创新	1. 遇到问题能想出不同的方法解决。 2. 积极参加科创活动,探索未知世界。				

星级评价说明:在各项"评价栏"里画五角星进行等级评价,一共3个星级,含义如下:★表示"加油";★★表示"良好";★★★表示"特棒"。

二 "千里马班级""伯乐年级"评价指标

良好的学习氛围是助力学生成长的一个隐形环境因素,但它对影响学生的成长心态、激发学生的团队意识、刺激学生的努力程度,都有着非常大的作用。因而,学校要同样注重校园环境中同伴学习氛围的营造,以多样化的班集体文化培养学生团结向上的品质;注重年级间管理氛围的营造,以团队为单位进行全方位考评,激励教师在安全、德育、教学等多方面进行创新管理。

(一)"千里马班级"评价指标

班级文化的营造又分为硬性考评与文化活动组织两种方式。硬性考评是以要求学生做到的标准规范为依据,进行量化考核,旨在以制度对学生进行他律;文化活动组织是班级自发地创建个性班级文化的过程,旨在通过活动促进班级形成融洽、健康、积极的集体氛围。目前,学校逐步形成了文明有序、生动活泼的课堂秩序、课间秩序、放学秩序,学生养成了文明守纪的良好习性,见表5-2-4。

表5-2-4 中山小学"千里马班级"评比细则

项目		主要标准	考核扣分项目	分值	考评
1.集会	仪式典礼(含升旗仪式)	1.学校、班级集会和出操快、静、齐。 2.全体肃立高唱国歌。 3.班主任在队伍后,其他教师另行列队。	1.升国旗时不敬少先队礼、讲话、嬉闹。	10	1人/次,扣1分
			2.歌声不响亮,唱国歌不严肃。		1班/次,扣1分
			3.教室内不留学生。		
2.两操	早操	1.班级集队快、静、齐;队伍有序进、退场,步伐整齐,精神面貌好。 2.做操规范,动作整齐、有力。 3.班主任在队伍后,带班教师随班做操。	1.集队和进退场不规范、不安静。	10	按出操评分表要求评分
			2.班级整体做操动作不规范。		
			3.无故不做操或不认真做操者。		
			4.教室内不留学生。		

(续表)

项目	主要标准	考核扣分项目	分值	考评
爱眼操及眼保健操	1. 在音乐伴奏下安静做眼操。 2. 无特殊情况不得故意不做。 3. 各功能室上课的班级由任课老师自行组织在原功能室做眼操,体育课由体育老师自行安排。	1. 班级做眼保健操不安静。 2. 故意不做眼保健操或有拖堂不做操现象。 3. 当班级有特殊情况不做眼保健操时,未向值日师生说明情况。		1班/次,扣1分 学校值日老师酌情处理
3. 仪容仪表	1. 服装:按学校规定周一穿礼服,周三、五穿运动校服,服装整洁、大方、美观,穿校服时上衣束入裙子或裤子。 2. 校牌:正确地佩戴在胸前,上体育课时和红领巾一起放在书包内。 3. 红领巾:少先队员每天佩戴红领巾,干净、整洁。夏天天气炎热,可用校徽代替。 4. 个人卫生:每天应保持良好的个人卫生习性,勤洗澡、勤洗头、勤剪指甲、服装整洁。	1. 穿奇装异服者(如:无袖衣服)。 2. 不戴校牌者。 3. 有违规者。 4. 有戴项链、手链、耳环等饰物,留长指甲,穿拖鞋者。	10	1人/次,扣1分
4. 课间纪律	课间:安静有序、轻声慢步,上下楼梯靠右走,未经批准,不进入教师办公区玩耍。	1. 体育课,到功能室上课不排队。 2. 课间大声喧哗,追逐打闹,做危险性游戏。 3. 在洗手间玩水,浪费水资源。	10	1班/次,扣1分 1人/次,扣1分

(续表)

项目	主要标准	考核扣分项目	分值	考评
5. 文明礼貌	1. 文明用语:见到老师、外来客人敬礼问好,不讲脏话、粗话。	1. 见老师、客人不问好者。	10	1人/次,扣1分
	2. 文明行为:不乱丢垃圾,不乱吐痰,无喝饮料、吃零食等不文明现象。	2. 乱丢垃圾者。		
6. 公共秩序	1. 爱护公共财物:不践踏草地,不采摘花草,不损坏公物,珍惜资源,有环保意识。	1. 践踏草地、花坛,采摘花朵,损坏树木。	10	1人/次,扣1分
		2. 乱涂乱画公物。		1人/次,扣2分
		3. 有意损坏公物,不管是校内或校外。		1人/次,扣2分
	2. 遵守秩序:遵从学校秩序要求,任何活动按要求排队。不欺负比自己小的同学,不顶撞、谩骂老师。	4. 顶撞、谩骂老师。		1人/次,扣3分
		5. 高年级同学欺负低年级同学。		
		6. 不服从集体安排,不听从指挥。		
	3. 遵纪守法:认真学习未成年人保护法,绝不做未成年人不允许做的事情,养成健康习性。	7. 旷课、早退、骑车到校等违纪行为。		1人/次,扣5分
		8. 到网吧、会所、酒吧等禁止未成年人进入的场所。		
		9. 有偷窃、勒索、绑架、吸烟酗酒、打架致伤等严重违纪的。		
		10. 在校外拉帮结派,进行违法犯罪活动。		
7. 晨会写字	1. 晨会课:能主动、自觉进教室早读。 2. 写字课:能主动、自觉进教室写字,课室安静。	1. 班级喧哗、吵闹或进行各种玩耍活动。	10	1班/次,扣1分
		2. 除值日扫地的学生外,其他人随意离开课室。		

(续表)

项目	主要标准	考核扣分项目	分值	考评
8. 卫生工作	1. 讲台整洁，东西摆放整齐，学生桌椅每节课都摆放整齐。 2. 清洁工具有序摆放在洁具柜内。 3. 张贴班务牌要整齐、有序：①作息时间表，②课程表，③座位表，④班干部表，⑤值日生轮值表。 4. 图书柜整洁，书籍摆放整齐。 5. 雨具摆放要整齐安全。 6. 电脑平台台面打扫干净，平台内部不得摆放杂物。 7. 墙壁、宣传栏张贴要美观。 8. 教室及走廊干净、无纸屑杂物。 9. 包干区：一天"一扫"，一周"两拖"；教室：一天"一扫"，一周"两拖"（并做好保洁工作）；墙壁、栏杆、黑板、讲台、窗台等：一天一抹。早上8:00、下午5:00前扫完。（下午5:00前未打扫完卫生的班级按现状予以扣分）	1. 桌椅、课桌抽屉摆放不整齐。 2. 清洁工具没有摆放在指定的位置。 3. 雨具没有挂在指定的地方。 4. 课室内乱张贴，图书摆放不整齐。 5. 放学后，窗帘未统一拉好。 6. 教室、课桌内、走廊有纸屑等垃圾。 7. 乱扔垃圾、随地吐痰、吃零食等。 8. 教室桌椅、黑板、墙壁、门窗有乱写、乱画、乱张贴、球印、手印、脚印等未及时清洗。 9. 黑板槽内有粉笔和灰尘。 10. 门窗（窗台有灰尘）、开关等明显不干净。	10	1班/次，扣1分
9. 安全工作	1. 教室门窗要关好；风扇、电灯、电源要人离即关，不浪费电。 2. 杜绝高空抛物。 3. 拒绝带危险物品入校园。	1. 班级"三关"工作未完成者。 2. 高空（一层以上）抛物或倒水。 3. 携带危险物品（刀、棍、易燃易爆等物品）来校。	10	1班/次，扣1分 1人/次，扣5分

(续表)

项目	主要标准	考核扣分项目	分值	考评
	4. 不打架，不故意伤人。	4. 学生出现打架或故意性安全事故。		
	5. 不做危险动作和可能伤害别人的动作。	5. 翻越校门和围墙、爬栏杆、爬树、爬篮球架等危险行为。		
10. 归程队	上下学：出入校门有序走，放学排队不逗留，不带零食进校园。	1. 入校门拥挤不排队者。 2. 放学不排队的班级或学生。 3. 带零食入校园者。	10	1班/次，扣1分

说明：每项10分，总分100分。

奖励办法：

1. "千里马班级"检查，由值日行政、值日教师带领值日生负责。每天下午，值日老师和值日学生到记分板前登记各自分数。第二天早上值日组长统计前一天分数。每周五下午5:00由值日行政、老师和阳光小队组长进行碰头、汇总、总结，周一由值日教师公布上周评比结果。
2. "千里马班级"评比（每周评比一次）：一周平均分达到95分即达标，即平均每天扣分不超过5分。
3. 每周获得一次"千里马班级"，奖励20元，按月总结，平均每月80元。纳入绩效奖励系统，在奖励性绩效工资中，划出班主任补助，根据班主任工作效果，按月发放相应金额。
4. 每学期统计周"千里马班级"评比次数，将评比结果纳入"奖教奖学"优秀班主任和先进班主任评比。

（二）"伯乐年级"评比指标

管理最终是为教育服务的。学校以年级组为单位进行扁平化管理，有利于快速响应师生教育教学需求，建立起以教育教学为中心、以质量为目标的文化氛围。

为了进一步加强年级组工作，对各年级工作进行考评，学校实行"伯乐年级"评比制度。考评采取扣分制，包含对学生、班主任、年级长的考评，所有考评扣分累计为年级组实际扣分总和，对考评得分进行排名，每月评选出3个"伯乐年级"，进行表彰。具体标准规定如下：

1. 安全工作

（1）按学校要求做好各项安全工作（包括安全课、训练队、安全资料等）。

（2）严格按照学校值日管理规定做好值日工作，做好责任区安全排查。

2. 德育管理

（1）严格执行各级教育部门及学校各项规章制度，按时保质完成德育处布置的任务。

(2) 本年级各班班风、学风好,组织纪律好,文明礼仪习性好,班主任和任课教师工作积极性高,责任心强,取得良好的教育教学效果。(通过"千里马班级"考核进行评比)

3. 教学工作

(1) 按《中小学校教学常规汇编》要求,以身作则,为人师表,培优辅差,严格执行各项教学常规,高质量通过学校各项常规检查。

(2) 遵照区、学校的教学计划和教导处工作安排,高质量地完成各项教学任务。

4. 后勤管理

(1) 按规定领用学校财物,按操作规程正确使用各项设备设施,并做好维护工作。

(2) 节约水电、纸张等用品,做好责任区卫生保洁及花木管理工作。

各项目评分标准为:"优"表示按时完成,效果好;"良"表示按时完成,效果一般;"中"表示未按时完成,效果好;"差"表示未按时完成,效果一般。月考核包括当月黑板报评比,办公室卫生、教室卫生等各类专项检查。重大检查活动及安全出现问题,则实行一票否决制。

三 习性课堂评价指标

针对习性课堂的"习性准备—习性助学—多维习得"3个板块,学校制定了中山小学习性课堂评价表,评价人通过对习性课堂的教师习性、学生习性进行打分,从而完成对整节习性课堂的综合全面评价,见表5-2-5。

表5-2-5 中山小学习性课堂评价表
授课教师:　　　　班级:　　　　授课内容:　　　　授课时间:

评价项目	评价环节	评价内容	评价指标	评价结论（改进建议）	评价打分
教师习性	习性准备	形象仪表（5分）	衣着打扮		
			语气、语调、语速		
			情绪投入		

(续表)

评价项目	评价环节	评价内容	评价指标	评价结论（改进建议）	评价打分
习性助学		课前准备（5分）	对学生的准备、姿态等习性的关注		
			对学生学习情绪的关注		
		导入设计（5分）	调动学生的学习兴趣		
			紧扣本课主打习性		
		教学语言（10分）	符合学生年龄特点		
			富有启发性、诱导性		
			解决问题的有效性		
		教学方法（20分）	主打习性体现明显		
			动静相融的教学手段		
			学思结合的学习氛围		
		教学环节（10分）	由易到难，层层深入		
			连贯有效，水到渠成		
			思维性强，合乎逻辑		
		课堂组织（20分）	关注学生合作、讨论、发言、探究、静思等学习习性的养成		
			对课堂秩序的把控		
		教学设计（10分）	设计的完整性		
			设计亮点		
			预设是否生成		
多维习得		目标达成（10分）	知识目标的完成度		
			教学重难点的解决		
			主打习性的体现		
		课堂总结（5分）	学生对知识的掌握与运用		
			课堂小结情况		

(续表)

评价项目	评价内容	改进建议	评价打分
学生习性	用品准备(5分)		
	学习兴趣(10分)		
	情绪态度(10分)		
	举手发言(15分)		
	倾听思考(25分)		
	交流讨论(20分)		
	书写坐姿(15分)		

教师习性得分：_____　　学生习性得分：_____　　本节课综合得分：_____　　评价人：_____

第三节 ｜ 评价方式：让每一次成长都有温度

通过习性评价，学生在小学毕业的时候，6年以来积累的习性成长信息与数据由大数据信息平台汇总，最终形成学生习性成长表现评价档案材料。每一个学生都将回溯6年小学生涯习性成长的全部足迹，对自我习性成长过程进行科学分析，发现自我，建立自信，明确努力方向，走向更美好的未来。

一 课程评价原则

课程评价以多层次、多元化、多样性为原则。在年级评价、班级评价、个人评价的过程中，以自我评价实现习性自省，以同伴互评建立互相促进的合作关系和相互激励的竞争关系，以教师评价达成改善认知和行为修正的目标，以家长评价形成家校教育合力，从而建立科学的评价体系。学校从志、体、礼、文、艺、慧拓展评价内容，自主编制习性评价手册，建立习性成长表现，摒弃唯分数论，强调评价的过程性、表现性、成果性，全面反映学生习性的发展情况。

二 习性评价方式

教育是一个长久的过程，且学生发展具有复杂性，需要用形成性评价的方法持续观察和记录学生的发展过程。学校采用多元有效的习性评价方法，关注学生日常活动表现，根据"六习"形成"六维"指标，经重要观测点、写实记录、评语评价三个层次构建习性教育评价体系。

（一）写实记录

构建习性教育网络评价平台，利用互联网信息技术的多元课程评价模式，打破传统单一的总结性评价模式，突破评价的时空限制，便捷地进行写实记录、统计与分析评价数据。

学生通过"V校"应用软件，随时上传成长过程中客观的、能集中反映综合素养的关键事件以及相关的证据材料等，包括典型事实材料、重要活动过程记录、调查报告、活动作品，以及照片、录音、录像、各种证书等，有助于反映学习动态和阶段性成果。

老师通过"V校"系统的智慧班牌，即时对学生的在校学习和活动情况进行表扬或指正，学生评价积分自动累计，生成个人成长维度图，有助于老师对学生进行针对性培养，因材施教。"V屏"还可以协助老师进行值日评比、学生考勤登记。对学生学习状态和成果的实时评价有利于及时校正和激励学生的学习方法和态度，无缝地、及时地帮助学生养成良好习性。

（二）评语评价

我们着眼于每一个学生不同程度的发展，坚持落实基础知识和基本技能，重视培养学生创新精神和实践能力、身体素质和学习情感体验等综合素质，自主编制《习性教育评价手册》，从德育评价、学业评价和特长评价多个维度对学生进行评价，使学生的个性、态度、心理等因素受到全面关注和认可，促使学生在自身内部进行整合，做到知行合一，发展健全人格。

学校要求每学期完成一次《习性教育评价手册》。一方面，学生用纪实性语言陈述自己习性养成的情况，教师围绕学生习性养成的突出表现分析记录学生发展的信息，学生家长对孩子的成长变化情况做出描述性评价，以此督促学生在自我评价中反思自己习性养成情况，在家长和老师的评价中看到自己的成长；另一方面，开创性地将家长也变成评价对象，家长能对孩子表达期望，孩子也有机会展示自己对父母的评价，为家校共育的研究发展提供了新思路。

（三）重要观测点计分评价

我们选取学生每天在校的具有较强代表性与典型性、可测量可评价的关键习性，作为学生习性表现评价的重要观测点，按周进行计分，形成"千里马班级"评比细则（见前文表5-2-4），通过评比进一步推动良好习性的集体养成，为培养学生良好习性注入了良好的环境动力。

三　学科评价方式

（一）日常评价

语文的日常评价在习言方面，要求学生每天进行朗读打卡，教师及时评价学生的朗读能力并给予指导；习字方面，要求学生端正坐姿书写天地格写字本，教师每课给予书写质量的评价（星级评价、评语评价）；习作方面，要求教师以阅读打卡、读书笔记等形式组织学生每天阅读，即时点评并表彰优秀同学。

数学的日常评价主要以预习单等为工具，引导学生以小组合作的形式开展讨论和提问，教师评价学生的自主学习和探究能力、小组合作讨论和解决问题的能力。

英语学业水平评价方面，日常评价以阅读工程（英语绘本）、趣配音为主要活动载体，教师评价学生英语的阅读量、发音标准以及表达能力，并将优秀作品进行全班展示，鼓励学生大胆独立地用英语表达。

体育日常评价要求学生每日运动一小时、帮助家里做家务、整理自己房间并坚持打卡，教师根据打卡情况对学生的体能素质、运动爱好、整理习性等进行日常评价。

（二）阶段评价

语文的阶段评价在习言方面，通过读书节开展讲故事比赛、阅读知识竞赛、辩论赛等活动，评价学生的语言运用能力，评出"讲故事大王"、一至三等奖；在习字方面，利用每月第四周周三的午写时间，各班进行天地格书写比赛，评选"书法之星"；在习作方面，班级定期举行作文比赛，进行等级评定，并选出优秀作文刊登在校报上。

数学则通过数学活动周，如地砖创意设计比赛、数独比赛、智慧金字塔比赛、数学知识竞赛等系列活动，培养学生的逻辑推理能力、空间想象能力和计算能力。

英语则通过英语活动周，如字母画设计、英语故事比赛、演讲比赛、英语知识竞赛等活动，评价学生对英语单词的掌握情况、英语的阅读表达能力以及用英语解决问题的能力。

体育则通过每年11月的体育节，根据12项田径项目（跑步、接力、跳高等）和13项集体项目（袋鼠跳、两人三足等）的表现，对学生的跑、跳等体能素质，理解体育规则的能力，以及团队合作的能力进行评价，评选出一至三等奖。

(三) 学期评价

语文的学期评价在习言方面，在期末以口语交际的形式检测学生的语言表达能力，组织学生进行投票评价，根据投票结果评选"交际小能手"；在习字方面，通过组织天地格书法比赛活动，选出一至三等奖，颁发奖状，并以书法作品展的形式展出，综合评价学生的书法水平；在习作方面，对每个学生整学期的阅读情况做出综合评价，并评选出各班的"阅读之星"。

数学则依托每学期的"课堂小老师"讲题活动，教师对学生的题目讲解过程进行总结，对学生的数学表达能力、逻辑推理能力、问题分析能力等方面进行评价，并评选出"讲题小名师"，面向全年级同学及老师进行讲解。

英语则通过学期末举行的趣味party，如组织学生开展元旦春节知识竞赛、英语迎新联欢会等活动，评价学生对英语的综合运用能力以及对国际文化知识的了解情况，增强学生的文化意识，拓宽国际视野。

体育则根据每学年的体质健康测试，通过50米跑、坐位体前屈、一分钟跳绳、一分钟仰卧起坐等测试项目，对学生的综合体质进行评价。

（深圳市坪山区中山小学　侯跃芳　林洁清）

第六章
奏响协同育人的交响乐

家庭教育,如同温暖的港湾,为孩子们的成长提供最初的庇护与滋养,塑造着他们独特的性格与品格。学校教育,则是知识的灯塔,照亮孩子们前行的道路,引领他们在学习的海洋中探索与发现。社区教育,则是广阔的天地,为孩子们提供实践的舞台,让他们在丰富多彩的活动中锻炼能力、拓宽视野。家校社协同育人,如同一曲优美的交响乐,让我们奏响这曲合作育人的交响乐。

第一节 ▎ 校社合作：融合区域特色

坪山区中山小学与社区携手，充分利用马峦山郊野公园、新能源产业、东江纵队及客家文化等特色资源，精心设计基础课程、拓展课程与个性课程，旨在构建具有区域特色的学校课程体系，更好地落实立德树人根本任务。此举不仅为学生提供了更加广阔的学习平台，也为他们未来的个性化发展奠定了坚实基础，充分体现了文化引领课程、课程蕴含文化的教育理念，展示了坪山区中山小学在区域特色文化教育方面的独特魅力。

一 融合新能源产业的课程开发

新能源作为坪山区的核心产业，已取得令人瞩目的成绩。从深圳中心城区出发，沿着坪盐通道，只需短暂的车程便能抵达这片充满活力的土地。若非细心观察，街道旁那些不起眼的储能设施或许会被忽略，然而它们已悄然成为城市生活中不可或缺的一部分。从空中俯瞰，各大产业园区的太阳能光伏电池板在阳光下熠熠生辉，犹如未来的信号，昭示着坪山在新能源领域的坚定步伐。正在建设中的坪山区政府一办，因其独特的风光储充放示范项目设计，更似一座太空基地，这无不得益于坪山对新能源发展的深入布局与积极投入。

中山小学为加深学生对身边新能源知识的理解，特别在科学、信息、综合实践等课程中引入了能源知识基础教学，旨在引导学生踏上探索新能源的旅程。以合理利用能源课程为例，该课程首先通过构建突发停电的情境，引导学生探讨实际生活中停电所带来的影响，从而让学生意识到生活对能源的依赖。随后，通过资料介绍，让学生了解电能的来源，使他们认识到能源与生活之间的紧密关系。接着，课程通过模拟实验的方式，带领学生探索温室效应。通过资料学习，学生意识到部分能源的非可再生性，并理解能源使用对环境所产生的影响，特别是化石能源使用所引发的温室效应。最后，课程以小组讨论的形式,探讨合理利用能源的方法。学生了解人类正在运用各种手段,包括科学技术,来应对能源问题。这使学生意识到,即使是小学生,也能为节能减排做出自己的贡献。通过这样的学习过程,学生产生对能源问题的关注,并养成节约能源、合理利用能源的良好习惯。

在拓展课程设置上,我校举办了"优秀家长进课堂"活动,邀请了一名家长(比亚迪公司的员工),为学生们带来了一堂富有启发性的课——走近新能源汽车。她以专业的角度,详尽地介绍了中国新能源汽车的发展历程、比亚迪汽车集团的历史沿革以及各大知名新能源品牌。这堂课不仅涵盖了历史文化教育、安全知识教育以及环保科技教育,还通过丰富的图文资料和视频,生动地展示了新能源汽车的特点、相关职业以及其对绿色低碳、节能环保、智能科技等领域的深远影响。学生们在课堂上表现出浓厚的兴趣,积极参与互动。通过讲解,他们深入了解了新能源汽车与传统汽油车的区别,认识到绿色出行与人们生活的紧密联系,并学习了新能源汽车的底盘构造和智能科技设计。这名家长结合自身的生活经验和工作实践,向学生们讲述了责任心、企业担当以及科技兴国的重要性,激发了孩子们的学习热情、环保意识。

通过拓展课程的学习,学生提出问题:为什么新能源的汽车牌照容易申请?为什么新能源汽车会获得政府补贴?新能源汽车这几年是什么样的发展速度?比亚迪作为坪山的领军企业目前发展如何?坪山区发展新能源汽车产业的区位优势是什么?其发展前景如何?针对这些问题,中山小学老师们开展了个性课程的设计。学校与比亚迪公司开展合作,共建社会实践教育基地,采取参观、体验及活动等学习方式,引导学生进行"关于坪山区比亚迪新能源汽车销售现状与前景的调查研究"课题研究。通过实地调研,学生们深入了解比亚迪新能源汽车的生产流程。身临其境的实践活动让学生不仅对现代化的生产设备和先进的技术感到兴奋,还对每个生产环节中精细的操作和高质量的把控感到震撼。通过参观学习,学生们对新能源汽车行业有了更深入的认识,也感受到了中国制造业的强大实力。

除了实地了解新能源汽车的生产流程,学生们还积极开展访谈工作,深入接触了新能源汽车车主和比亚迪销售部门的代表。这种实证研究的方法不仅让他们更加了解新能源汽车市场的现状,也为他们在未来进行类似的研究提供了宝贵的经验。

二 融合自然地理的课程开发

距离深圳市坪山区中山小学 3 公里的地方有一处户外活动天堂——马峦山郊野公园。公园环境清幽，弥漫着清新的气息，令人心旷神怡。这里不仅是欣赏自然风光的绝佳之地，更是开展野外拓展活动的理想场所。马峦山郊野公园以其丰富的生态资源闻名，在沟谷溪流一带有多种国家一级保护植物，如各种兰花、白桂木等。有两栖动物 18 种，爬行动物 29 种，哺乳类动物 22 种，其中属国家保护动物的有虎纹蛙、蟒蛇、三线壳龟、穿山甲、水獭、小灵猫等。马峦山更是鸟类的栖息宝地，共有鸟类 86 种，单国家重点保护鸟类就有 12 种。马峦山郊野公园不仅拥有美丽的自然景观，还蕴含着丰富的历史文化。马峦山上坐落着 6 个历史悠久、具有鲜明地方特色的古村落。这些村落大多建于明清时期，具有鲜明的客家文化色彩和浓厚的地方特色，是深圳市保存得最好的古村落群景观之一。在这里，游客可以感受到人与自然和谐共处，体验到大自然的神奇魅力。这个公园不仅是大自然的瑰宝，也是人们心灵的净土。

中山小学为深化学生的自然科学教育，在科学、美术、劳动课等基础课程中充分利用马峦山郊野公园丰富的自然资源设置专项学习单元。在科学课程中，特别设立"物种宝库——丰富的动植物资源"单元，引导学生探寻自然的奥秘，系统学习裸子植物、蕨类植物、被子植物的区别，并深入了解国家重点保护野生植物，如仙湖苏铁等。同时，通过实地观察，学生们聆听鸟儿的歌唱、蛙类的鸣唱，观察生命的蜕变与成长，如毛毛虫化蝶、鸟类的成长等。在美术课程中，开设"艺术灵感——大自然的艺术展览"单元，指导学生运用超轻黏土、小木盘等综合材料，将他们在马峦山郊野公园观察到的昆虫和植物以立体形式重塑，以此展现大自然的生命之美。这些活动，旨在培养学生观察自然、认识自然、与自然和谐相处的能力。

为了使学生更深入地感受自然之美，拓展课程中特别设计了"自然笔记——多样的自然探索方式"这一综合实践环节。本环节旨在引导学生通过细致观察、记录与探索，发现动植物世界的奇妙与美丽。在春天的森林里，学生们将观察一棵树、一朵花，感受生命的蓬勃与多彩；在夏天，他们将聆听步道上的森林之声，品味大自然的和谐乐章；在秋天，学生们将与种子捉迷藏，探寻自然的奥秘；而到了冬天，他们则能观察到山野中自由飞翔的鸟儿,感受自然的韵律与节奏。

在四季的课堂上,大自然以丰富多彩的形式向学生们展示着美的存在。我们鼓励学生打开五感,用心灵去感知、去体验,并引导他们用自己喜欢的方式记录下这些美好的瞬间。无论是拿起手机拍摄沿途的风景,还是录下一段自然的声音,或是用纸和笔描绘一朵花、一片树叶,都是为了让学生们能够更深入地了解自然、热爱自然,并留下属于他们自己的、独具特色的自然笔记。

中山小学与碧岭农场携手,以农场为实践基地,从劳动社团和课题研究两方面综合推进个性课程的开展,旨在让学生更深入地理解人与自然和谐共生之道。以"智慧农业"为蓝本,我们设计了两个维度的课程,即智慧农业——我是种植小能手和智慧农业——显微镜下的微观植物,旨在让学生从宏观和微观两个角度全面认识农业与生命的奥秘。在智慧农业——我是种植小能手课程中,学生通过"小小工具整理师""播下希望的种子""小小观察记录员""小小植物的一生""我为保护植物代言"等多个主题单元,亲身参与植物的种植、发芽、开花结果的全过程,形成生动、形象、可感知的知识体系。同时,通过实践活动,学生学习并掌握基本的劳动技能和生活自理能力,培养勤劳、环保的品质。智慧农业——显微镜下的微观植物课程则带领学生走进神奇的微观世界。通过"微观小达人""放大身边的物体""显微镜的肖像画""制作显微镜使用说明书"等主题单元的学习,学生初步了解微生物在生活中的作用,掌握使用显微镜的基本技能,培养观察、实验、分析和解决问题的能力。在整个学习过程中,学生不断拓宽知识视野,将所学知识应用于解决实际问题,实现从课本到实践的跨越。劳动课程的开展不仅是对知识的应用和检验,更是对学生实践能力和创新精神的培养。通过这样的课程设计,我们期望学生能够更全面地认识自然、理解生命,形成科学、理性的世界观和价值观。

三 融合历史风情的课程开发

历史文化是城市的灵魂,是城市经济社会发展的一张金名片。坪山区马峦街道坪环社区原为客家大万曾氏聚集地,拥有丰富的客家文化资源。其中大万世居是曾姓家族居住生活和工作的地方,保留了客家人的历史民俗遗物和文化精粹,反映了各个时期的社会文化特点和客家人的流连变迁,极具历史艺术价值,也是研究深圳客家源流、民俗建筑艺术的活化石,对了解汉族客家民系及其源流和迁徙史有重大价值。

为提升中山小学学生对坪山地区客家文化的认知深度,学校积极与大万世居展开合作,融合美术、音乐、劳动等基础教育课程,聚焦大万世居、舞麒麟、客家饮食文化等主题开展系列教学活动。以美术教学为例,学校结合岭南美术教材中的《走进传统民居与现代建筑》一课,以大万世居和坪山聚落作为实际案例进行教学。教学过程中,首先通过经典作品的赏析,引导学生思考"大万世居的美体现在何处",并从材质、色彩、结构3个维度出发,形成问题链,逐步引导学生深入探索大万世居的内涵。其次,通过实地考察,培养学生对家乡和祖国建筑文化的热爱之情。随后,学生学习运用平面设计技巧,模仿生物形态,完成围屋的平面设计图,进而构想大万世居的"未来形态"。最后,以"小小建筑师"设计分享会的形式,学生展示他们的设计成果,并接受老师和同学们的评价,重点评价设计的创新点和立体效果图的表现。

中山小学在拓展课程中设置了校园美食节活动,以"客家酿豆腐"的制作为教学案例。学生们深入探索客家美食文化,了解其背后的历史与故事,并且研究菜谱,明确食材的种类与比例,掌握烹饪技巧和摆盘设计。学生在这一过程中不仅激发了对厨艺的兴趣,还提升了烹饪技能,丰富了劳动体验,培养了劳动实践能力和创新思维。

在个性课程中,教师引导学生开展"关于深圳坪山区客家民俗文化保护与开发"课题研究。学生们通过访谈、文献阅读和问卷调查等方式,深入了解坪山区客家文化的保护和开发状况。通过小课题探究活动,学生不仅认识到客家文化作为中华民族文化重要分支的源远流长,而且在这过程中,发现问题、提出问题、制定探究步骤和计划、执行操作等能力都得到了锻炼和提高,团队意识也得到了极大的加强,信息素养、整合资源素养等综合素养得到了进一步的提升。

四 融合红色文化的课程开发

坪山,这片充满历史底蕴的土地,不仅是客家文化的承载地,更是东江纵队英勇斗争的摇篮。当年的东江纵队,在这片土地上砥砺前行,用鲜血和生命铸就了不朽的抗日传奇。如今,坪山区的红色地标——坪山公园的革命烈士纪念亭和东江纵队纪念馆,成为传承和弘扬东纵精神的重要场所。

中山小学与本土红色场馆紧密合作,将红色教育融入日常教学之中。在语文、道德与法治、美术等基础课程中,学校利用文学作品、绘画作品、影视作品等多种形式,引导学生深入了解东江纵队的革命历程和崇高精神。在拓展课程中,学校充分利用当地红色资源,组织少先队员在清明时节前往坪山公园革命纪念亭扫墓,到东江纵队纪念馆参观学习。这一活动旨在让学生感受革命先烈的英勇事迹,激发他们的爱国情怀和民族精神。

此外,中山小学还开设了个性课程赤子之心国旗班。国旗班以"着我戎装、护国荣光"为训练口号,以"爱旗、护旗、升旗、降旗"为己任。通过严格的军事化训练,国旗班的升旗手、护旗手展现了训练有素、各司其职、密切配合的精神风貌。在雄壮的国歌声中,他们一丝不苟地完成出旗、挂旗、甩旗、升旗等每一个动作,踏出铿锵有力的步伐,展现朝气蓬勃的精神面貌,成为中山小学一道亮丽的风景线。

随着深圳特区一体化、城市化以及粤港澳大湾区建设进程的加快,坪山区正迅速崛起为深圳市的高新区和东进门户。中山小学紧跟时代步伐,充分利用坪山区独特的自然地理风貌、客家文化、红色文化以及新能源科技等区域特色资源,结合"知行合一,习与性成"的教育哲学,致力于培养学生崇礼明德、淳正高雅、智慧明达的品质,为学生的幸福人生奠定坚实基础。

第二节 ❙ 家校共育：优化教育机制

教育是一个复杂且持续的过程，在这一过程当中，需要多方教育力量共同发挥作用。家庭和学校作为学生成长发展的主导教育力量，应该就学生的教育实际达成教育共识，采取多种教育手段，以促进学生自由、健康、全面的发展。因此，家校共育具有重要作用和长远意义。家校共育的基本内容是家庭教育和学校教育的相互补充，即要求家校双方合作，既实现孩子学科知识学习的需要，又满足孩子思想品德提升的需要。

中山小学习性教育理念汲取古今中外教育思想，结合"双减"政策与环境论，构建了显明可感知的"六习"育人体系的家校共育环境，统整全面育人目标、"六习"育人体系、家校共育环境构建、家校共育模式体系、家校共育评价体系，形成了以习性教育为核心理念的家校共育整体策略与模式。

一 家校共育环境——创设师

学校为增强互信，优化育人氛围，积极真诚地邀请家长入校，让家长零距离接触学校，了解、熟悉学校的管理理念和办学情况、教师教育教学的过程、学生的学习生活等，主动征询家长的意见和建议，适度邀请家长参与和介入。

（一）同心同习——充满正能量的家委会

家委会是家校共育的纽带，是家校合作教育的连接点，为双方搭建了一个一视同仁、公平交流的平台，推动实现协同教育。在家委会开展适时适度的工作时，学校给予家委会支持和引导，实现"协同"目标，让家委会成为家校共育工作的着力点。

学校多年以来建立了层级结构严密、组织管理严谨的三级家长委员会（校级家长委员会、年级家长委员会、班级家长委员会）。这是一个富有正能量的家长团队，家长建设性地参与学校管理工作，营造正能量的班级和学校教育的舆论氛围，有利于校风、班风建设，有利于学校习性教育思想的落实，有利于学校各个方面工作的推进，使广大家长和学校一起成为习性教育生态的建设者、维护者。

每学期初,学校都会特别隆重地举行家长委员会会议,由各级家委会会长参加。家委会会长们助力学校教育,做好示范引领,主动协助班主任开展班级活动,主动关心和协助学校开展各类大型活动,当好桥梁和纽带。

(二) 同心同习——开放共育模式

学校引领家长从不同维度关注学校、班级、学生的发展,整体统筹参与学校管理、课程开发、家长资源建设、学生项目开展、学校活动组织等,形成纵向延伸、横向关联的保障机制。及时发现问题、引领方向,共同探讨事务、研究解决问题,这些成为家校社同心共育的必要途径。特别是有关学生在校园中的生活问题,例如针对午休午餐跟随行动,邀请家长代表来校,参观了解学生用餐环境,品尝学生餐,对学生的午餐配餐公司开展突击检查,在实地参观和品尝中提出宝贵意见和建议。还有每学年的各班外出研学行动,各个年级的研学内容、地点以及保障外出的旅游公司的选定、费用的商定与收缴,都由学校行政、家委会和家长代表协商,并全程跟研。

(三) 同心同习——义工队筑垒护安屏障

中山小学地处繁忙的交叉路口,早晚高峰期间校门口车辆拥堵,给学生进出校门造成了很大的安全隐患。建校以来,家长志愿者发起护苗行动,参与者都是家委会成员和热心于公益事业的家长。2017年9月,学校和家长委员会共同商议,决定成立大规模高规格的家长志愿者义工队。义工队成员以班级为单位,每名家长每学期轮到一次,服务时间主要为学生早中晚上下学的一小时,承担维持秩序、保卫安全、疏导交通等工作。校家委会成员每天第一个到岗,示意家长车辆靠边,张开坚实的双臂护送孩子们横穿马路,直到进校门为止。这样的服务,总是让老师和家长惊叹、感动。

特别是在学校各项大型活动期间,这群"红马甲"更是鲜艳夺目,一岗一职,井然有序,使我校各项活动开展得更加顺利,学生每天进出校门更加规范、有序、顺畅。

二 家校共育模式——理解中优化育人理念

教师作为家庭教育的接力员、协同者,应主动走进每一个孩子的家庭,经常开展家访活动,与学生家长面对面交流,联结学校教育与家庭教育。这样不仅帮助家长了解孩子的学校、老师,也帮助老师了解学生生活成长的真实的家庭环境,了解学生在家中的表现,听取家长在孩子教育中遇到的问题,从而为家庭教育提供帮助和指导。

(一)同心同习——百师访千家

每学期初,全校老师按班级正副班主任的配对进行家访,了解学生的家庭环境,与新班级的孩子及其家长相互认识、熟悉,将孩子在校的学习活动信息共享给家长,分析学生在学校和家庭里的表现,讨论有无需要改进和提升的地方;而对于家庭教育问题比较突出的家庭,老师将跟家长进行深入的沟通,提出建设性的意见,共同商讨改进的方法。在一次次真诚的交谈中,老师们将学校的习性教育理念、家校合作的真诚与信念传达给了每一个家庭。

(二)同心同习——关注特殊生

学校每学期都会进行学生心理普查,针对特殊家庭学生摸底,形成关注名单,进一步了解特殊学生的情况,与孩子进行互动;对缺乏特殊教育专业知识的家长给予指导和沟通,为有需要的家庭积极联系社区和相关部门并送上关心与慰问。看到每一个孩子健康成长,老师们都深感欣慰,这就是习性教育生态的呈现。

(三)同心同习——线上零距离

学校积极推进家访线上平台建设,线上平台即班级微信群、班级 QQ 群、学校微信公众号、学校视频号。平台的建立不仅实现家庭教育指导在时间与空间的无缝衔接,为随时随地进行沟通联系提供支持和帮助;也能使教师及时清晰地了解家长在教育孩子时遇到的问题,了解家长和孩子内心的困惑与需求,及时开展更有针对性的指导。

三 家长学校——彼此发展中优化育人能力

学校借助"家长学校"这个平台,根据家长在育人过程中遇到的普遍性问题、个性化问题,结合学龄层特点开设家长培训课程,帮助家长增长关于教育认知、教育思维、育人方法等方面的知识,使家长对孩子的教育从"门外汉"向"内行"转变。

(一)主题课程

主题家长会:主题课程是面向全体家长,对家校合作的育人概念、育人方法、育人理念等进行宣讲。我们借助家长会、讲座等载体,以每个班级、年级为单位,选定一个主题后进行培训,争取全员参与。主题家长会以提升家长的育人艺术、育人认知、育人思维为己任,结合上级通知及时推送家庭教育讲座,改变家长育人观念,提升家校合作共育水平。

"伯乐家长"综评表:学校每学期会进行"伯乐家长"评选,根据家长情况由家长自评、学生评价、教师评价综合评选出"伯乐家长",正面引导全体家长共同学习、互帮互助、共同进步。

学校每学期定期推荐家长阅读育人书籍,提炼育人故事,学习先进的育人理念,开展育人读书交流会、家教经验分享会等,促进亲子陪伴,使家长不断学习、提升。

(二)个性帮辅课程

针对突发的家庭教育问题、个别家长的需求,心理教师、骨干教师、班主任进行一对一咨询,在面临突发事件的情况下可以迅速地进行处理,提高了处理问题的效率,解决了家长的疑难问题,加快了育人进程。

(三)实践互动课程

亲子共活动是家长课程中的活动类课程,它以活动的形式来教育指导家长。在活动中,家长在教育理念、态度、方式等方面的问题暴露无遗,由此可以对家长进行有针对性的指导,让家长在轻松的状态下接受多方面的教育,让家庭教育在学校教育中延伸,进一步拓展家庭教育的广度和深度。

"小手拉大手"是当今社会志愿服务的流行词,学校引导孩子们为社会献爱心。同时学校倡导家长陪同参与,在协助协调中也参与体验,深入体会,在习性教育理念影响下增强理解,促进合作。小手拉大手,把学校教育延伸到社会教育,家长在与孩子一起奉献爱心时内心是自豪的,学生也因家长热心服务而充满自豪,在密切亲子关系的同时促进了学生整体的发展。

家长互学:家长自身的素养直接影响孩子的发展,同时家长各具特色的"育儿心经"也需要学校搭建更多的平台予以展示,让家长们互相学习,相互促进,共同提升。为此,学校不定期开设相关课程内容,让家长们相互切磋,让学校教育和家庭教育共同成长。课程内容有家访家训主题、帮助孩子扣好人生第一颗扣子等。

四　家校资源共享——共同合作中优化育人格局

教育实效是一所学校安身立命的根基，是学校发展的重中之重。教育实效的提高离不开家校协同育人，这是增强学校教育实效的有力之举。学校教育的背后有一个强大的资源库——家长，这里人才济济，涉猎广泛。我们将这股"活水"引入学校管理、教育、教学，在紧密的合作中加深理解、促进融合，增进彼此间的默契度，进而提升学生对家长的认可度和信任感，提升学校教育的实效。

（一）家校共同体

不同文化背景、职业身份的人具有不同的气场和能力。我校携手家长这股强大的后援力量，共同为学生的成长与发展创造良好的环境。学校发掘和凝聚家长的智慧，为孩子的成长助力，也让家长更加懂得在育人的道路上需要多方面的支持和信任，为家校合作共育增加理解与认可。

（二）家长讲师团

中山小学成立了家长讲师团，经过考核筛选，现有家长讲师68名。家长们来自各行各业，都有各自擅长的领域。基于班级特质和发展的需要，学校开展"家长进课堂"活动，鼓励家长立足于自身职业特点、兴趣爱好，走进班级课堂，助力学生拓宽视野，增长知识。为此，我们针对家长的特长和优势，由课程引申到家长与学生的互动；同时让家长在教学实践中体会老师这个职业的辛苦，促进家长对教师、学校的理解。

在这样的课堂里，孩子、家长、教师进行了有效的沟通。家长体会到了尊重和理解学生、关注学生需求、提高家庭教育有效性的重要性。教师在组织活动中促进家校共育，拓宽班级德育途径，提升了班级育人的能力。

优化育人生态的家校协同教育的有效建设使家长的思维、视野、行为产生了很大的变化，家校合作意识逐渐强化，开拓了家长的育人视野，推动了合作育人的进程。家长们在合作的基础上，积极主动参与交流互动，形成了真正意义上的思想互通、信息共享、合作共育，改变了育人的方式方法，对学生的核心素养培育问题更加重视，对学校组织的各项拓展活动所表现出来的积极性逐渐增高，家校协作共育的氛围有了明显的改善。同时，在家校共育思想的主导下，学校育人生态得到了优化，从而使学校教育全面提升,学生习性素养大幅度提高,达到了预期的效果。

接下来我校将以"双减"政策与"六习"育人体系为切入点,突出教师和家长作为家校共育环境创设师的作用;以学校与家庭为主阵地,强化"六习"育人体系家校共育"4+X"模式,培育学生思维的生长点;以"六习"育人体系家校共育模式建构为主路径,突出学生的个性培养和全面发展。融学校、家庭、社会为一体,形成内外共联共生的推动力量,共同提高"六习"育人体系的家校共育的实施成效。

第三节 ｜ 社会参与：突破互动限制

在教育的过程中，家庭教育、学校教育、社会教育三者相辅相成，缺一不可。其中社会教育的主要任务是促进学生的全面发展和个性发展。中山小学为突破学校教育与社会教育的互动限制，积极发掘校园周边社区中的人力、环境、文化等有效资源。如邀请周边社区中的社会贤达、有识之士入校讲学；组织小小宣讲员前往东纵纪念馆、禁毒教育基地进行爱国教育和禁毒知识宣讲；利用比亚迪、中芯国际等校外环境资源，使之成为习性教育课程的教学场所；组织学生参与坪山河的护河行动以及社区举办的尊老助残等志愿服务活动等，搭建起学校与社会的教育桥梁，让学生在参与各类社会活动中感受到社会对个人成长的关注与爱护，理解和谐社会的精神文化内涵。

一 社会贤达进校园

为借名家名著的力量让学生成为一个丰富的、有涵养的人，深圳市教育科学研究院特邀著名儿童文学作家、上海师范大学教授梅子涵担任主讲嘉宾，为深圳市坪山区中山小学四、五年级师生举办了一场以"《夏洛的网》是一张怎样的网"为主题的专题讲座。讲座中，梅教授以通俗易懂、生动有趣的方式，解读了世界著名儿童文学著作《夏洛的网》的深刻内涵。他强调，夏洛的网不仅是一张普通的网，更是一张友谊的网、生命的网、生活的网，一张充满童话色彩但又不失生活真实的网。梅教授以他深厚的文化底蕴和独特的文学视角，引导孩子们深入思考和理解这部作品。

讲座结束后，梅教授还与学生们进行了互动交流，耐心解答了学生们提出的问题。同学们纷纷表示，梅教授的讲座让他们受益匪浅，不仅激发了他们的阅读热情，也提高了他们的人文素养和小说阅读欣赏能力。

此外，为了进一步传承和弘扬中华书法文化，坪山区教科院王旭信副院长组织了一系列以"坪山区品质课程阳光阅读'亮'课程暨深圳市第二十二届读书月文化艺术校园行活动"为主题的汉字书写活动。活动中,坪山美术家协会主席丁彦国、深圳技术大学艺术学院书法研究所所长徐磊教授等书法名家亲临中山小学,与师生们进行了书画交流。他们现场演绎精湛的书画艺术,让师生们感受到了中华书法的独特魅力。

在艺术家的指导下,学生们也纷纷尝试创作书画作品,乐在其中。这些活动不仅让学生们感受到了中华优秀传统文化的博大精深,也在他们心中埋下了热爱艺术的种子。这些艺术家进校园的活动,对于弘扬中华优秀传统文化、提高学生的人文素养和艺术修养具有重要意义。

二 禁毒教育在行动

中山学子踊跃参与坪山区"护梦计划"禁毒志愿小讲师的招募活动。坪山区禁毒教育基地举办寒暑期禁毒实践班,旨在向孩子们传授禁毒知识,提升他们识别、拒绝和预防毒品的能力。同时,通过担任禁毒教育基地展示厅的讲解员,学生们可以进一步提升自我,锻炼自身的表达能力和综合素养。除了担任禁毒志愿小讲师,中山学子还通过参观禁毒教育基地、创作禁毒宣传画、拍摄禁毒短视频等多种形式积极参与禁毒教育活动。其中,蒋忻玥、张梓晨、刘秋揽3名中山学子共同制作的《小快板话禁毒》短视频,荣获广东省"青春助力·禁毒攻坚"青少年禁毒作品比赛省级优秀作品奖。

学校作为培养人才的重要基地,建立健全毒品预防教育长效工作机制对于全社会而言至关重要。未来,中山小学将继续加强禁毒预防宣传教育的责任感和紧迫感,紧密结合学校实际,开展内容充实、形式多样的毒品预防教育活动。这将有助于提升师生禁毒意识,增强自觉抵制毒品的能力,营造文明、清新的校园环境,为青少年的健康成长保驾护航。

三 产业科技亲体验

水资源珍贵且来之不易。为了深化学生对水资源节约与环境保护的认识,中山小学特别组织了少先队员与家长义工队共同前往沙湖自来水厂进行实地参观与学习。活动旨在通过实地考察与亲身体验,让学生深入了解天然水转化为自来水的净化流程，从而增强他们节约与保护水资源的自觉性。

在参观过程中，学生们在讲解员的引导下，井然有序地参观了自来水厂的各个区域。他们驻足聆听，认真记录，对细格栅、沉沙池、速沉池等净化设备及其功能有了直观的认识。通过实地观察，学生们深刻体会到天然水需要经过一系列复杂的物理和生物净化过程，才能转化为供人们日常使用的安全饮用水。此外，活动还设计了富有趣味性的答题闯关环节，让学生在轻松愉快的氛围中掌握了有关沙湖水厂、工艺流程、智慧水务、污水处理、污泥处置及水污染治理等方面的科学知识。同时，通过观看动画影片，学生们进一步巩固了对水厂建设和水质净化过程的理解。此次活动使中山小学的少先队员们深刻认识到，将天然水净化为自来水供千家万户使用的过程极为不易。他们纷纷表示，要将"珍惜每一滴水"的理念转化为实际行动，从自身做起，从现在做起，积极发动身边的人共同节约用水，为构建可持续发展的绿色环境贡献自己的力量。

揭开制水工艺的神秘面纱之后，中山小学还组织学生们深入了解新能源产业。活动包括参观坪山比亚迪基地和中芯国际站，以启迪学生们对科技的兴趣和梦想。

在比亚迪集团的六角大楼展厅里，学生们了解了比亚迪集团的发展历史，即其从一个电子产品代加工和开模的小厂，逐步转型成全球新能源行业领军企业的传奇历程。解说员详细介绍了比亚迪的发展历程、发展理念和最新的科技创新。学生们在参观过程中，亲身感受到了比亚迪对科技创新的巨大投入，以及对工匠精神的追求和探索。在展厅的一面墙上，挂满了技术专利证书和车企工匠的荣誉证书，这些都充分展示了比亚迪在科技创新方面的卓越成就。此外，学生们还近距离了解和接触比亚迪的刀片电池等零部件，以及最新的新能源汽车。通过这些实地参观和学习，学生们全面了解了比亚迪在汽车、轨道交通、新能源和电子四大产业领域的业务和发展。在坪山区中芯国际站，学生们还体验了离路面10米高的轨道"云巴"，感受了"空中巴士"的公交视角和科技魅力。学生们充满好奇地提出了各种问题，如"云巴"采用了哪些前沿科学技术，为什么它的续航能力如此出色，等等。解说员耐心地一一解答了学生们的疑问，让他们深刻体会到了科技给人们的生活带来的巨大改变和便利。

此次研学活动的开展，不仅让学生们亲身感受了世界前沿轨道交通技术的发展，还让他们深刻领悟了汽车智造与未来科技所蕴含的无限奥秘。同时，学生们也切实感受到了国家雄厚的科技实力，进一步增强了民族自豪感。这次活动无疑为学生们树立科技梦想、培养科技兴趣，以及将来投身科技事业打下了坚实的基础。

四　志愿服务勤参与

中山学子义工家庭与马峦社区党群服务中心携手，积极落实绿色环保理念，旨在增强公众的环保意识，美化坪山河的周边环境，以及传递文明环保的积极力量。为此，他们共同组织并开展了一场保护坪山河的志愿服务活动，以此号召更多人关注环境保护，积极参与志愿服务，共同维护我们的美好家园。

志愿者们沿着坪山河畔进行徒步，沿途捡拾垃圾。这些垃圾主要包括食品包装、饮料瓶、烟蒂等日常生活垃圾，以及河岸边的废弃物。在捡拾垃圾的过程中，志愿者们还积极向周边居民和路人宣传环保理念，提醒大家重视环境保护，减少垃圾的产生。随着人们休闲活动的增加，坪山河畔钓鱼、玩耍的人数不断上升，垃圾产生量也随之增大。面对这一情况，志愿者们毫无怨言，他们充满热情，一边捡拾垃圾，一边传播环保理念，用实际行动为地球母亲贡献自己的一份力量。

社区与中山学子合作组织的保护坪山河志愿服务活动，不仅成功提升了公众的环保意识，美化了坪山河的周边环境，更重要的是，它激发了更多人参与志愿服务的热情，共同为我们的美好家园贡献力量。

中山小学积极响应"尊老敬老爱老，弘扬'五老'精神"的号召，致力于落实立德树人根本任务，大力弘扬中华民族孝老敬贤的传统美德。学校精心组织了少先队志愿者献爱心活动，以实际行动向社区的老年人传递关爱与温暖。

在活动中，志愿者们走进坪山社区老年人活动中心，通过诗词朗诵、包饺子、聆听老人讲述家史家风故事等多种形式，向老人们表达敬意和祝福。孩子们用稚嫩而真挚的声音朗诵诗词，深深打动了在场的每一个听众。在包饺子的环节中，孩子们在老人的指导下，用灵巧的双手包出了一只只充满爱意的饺子，将祝福和关爱传递给亲爱的爷爷奶奶们。用餐过后，老人们与孩子们分享了自己的家史和青春岁月，孩子们聚精会神地聆听，感受着爷爷奶奶们的智慧与期望。在老人们的鼓励和引导下，孩子们决心成为懂得感恩、关爱家人、珍惜美好生活的人。整个活动现场弥漫着温馨欢乐的氛围，展现了敬老爱幼的和谐画面。

活动的开展不仅让老人们感受到了社会的关爱和温暖,也在孩子们心中播下了爱与感恩的种子。相信这颗种子将在孩子们心中生根发芽,茁壮成长为一棵参天大树,为社会传递更多的正能量和温暖。中山小学将继续致力于弘扬中华民族传统美德,为培养有爱心、有责任感的新一代青少年不懈努力。

第四节 ｜ 团队建设：构建组织保障

团队建设是课程开发与实施的组织保障。我们以严谨的制度为基石，确保每个成员都能在有序的环境中发挥所长；以高效的执行力推动工作进展，让每一个计划都能迅速转化为实际成果；以优秀的人才队伍为引擎，激发创新思维，引领课程发展的方向；通过丰富多彩的活动增强团队的凝聚力，在合作中共同成长；以积极向上的文化为引领，塑造团队的精神风貌，在追求卓越的道路上永不止步。

一 制度是核心竞争力

制度是指人们在行为中共同遵守的办事规程或行为准则。学校的各项管理制度，是学校在教育和教学实践中制定的各种带有强制性的规定与条例。学校制度是维持一所学校正常运作的基本条件，也是促使学校工作产生最佳效果的强有力保证。[1]

为确保理念的落地，我们特别重视制度先行。在习性教育理念的指引下，我们制定了五年发展规划、教师培训制度、课题管理制度、教学管理制度、德育管理制度、评优评先制度、职称评聘制度等各项管理制度，不断优化完善，并催生内在的制度精神，强化了学校发展的规划性和可持续性。

与其他社会组织不同的是，学校是一个由少数成年人和多数儿童组成、以培养人为目的、以关爱为相互联系的特殊组织，其组织形态也有着特定的结构。常见的社会组织结构多为树形或金字塔形，这种结构就像一个稳定运行的机器，对于大型组织来说，这种结构可以良好地掌控和传达信息，当组织有明确目标和运转规则时，有助于提高执行效率。但这种结构的负面影响也同样存在：一是信息传达层级越多，信息传递也就越容易出现偏差，不同的人对事情的理解是不一样的，这可能导致上层因信息不

---

[1] 屈强.学校制度建设和制度文化提升的实践与思考[J].教学月刊·中学版（教学管理），2021(06):36—40.

足或不准确而难以做出适当决策,或是下级在接收信息时,信息可能会出现中断或变形;二是事件处理经历的层级越多,解决问题的周期越长,每个层级之间消耗的精力也会越多;三是容易形成单一的领导决策风格,不利于不同思想的成长。很显然,这样的组织结构已难以适应今天培养个性化人才的需求。以人为本是每个学校的共同价值观。不同于企业追求效率,学校追求的是育人价值,而学生的成长是没有标准模板的,也就是说,没有哪种想法或方式能绝对地解决教育问题,学校的组织架构里刚好不需要这样一个政治权威,它需要的是面向每一个人的灵活的处理方式。这样一来,问题解决的中心便是面向学生群的每一个教师;教师再以教研组、年级组、项目组等形式组成关系网,集中处理某一类问题;校长需要贴近教师、贴近学生,才能及时地发现问题和需求,快速做出反应,并灵活地解决问题。由此形成的管理结构,便是以教师为一个个中心点,再以各种关系线连接成网络,由校长进行总协调的扁平化分布模式管理结构。

(一)党建引领治理新格局

党建引领治理新格局是我国社会治理创新的重要路径。在新的历史条件下,党的领导作用更加凸显,社会治理任务更加繁重,对党的组织动员能力、治理能力提出了更高要求。中山小学党支部、团支部、少先队在区委教育工委的正确领导下,深入落实新时代党的建设总要求和新时代党的组织路线,认真履行党建职责,把学校党建工作作为一项基础性、根本性、全局性和经常性的工作。

加快党建成果转化,党建在课堂,党建和课堂的高度融合,以党建促进学校教育高质量发展,是我校支部党建工作的着力点、支撑点。

为落实立德树人根本任务,促进习性教育在教育科研方面的示范引领和辐射带动作用,促进基础教育高质量发展,中山小学党员教师以及科研团队,紧紧围绕培养什么样的习性以及如何培养两个关键问题进行探索,构建全方位习性培养指标体系、课程体系、教育教学策略及评价体系,形成"环境创设·具身学习·习与性成"的习性教育新方案,取得了显著的办学业绩。《习与性成:小学习性教育育人体系创新构建与实践探索》荣获国家级教学成果二等奖。

习性教育极大地提高了广大教师的教学能力和业务水平,提高了教师的教育科研素养,促进了教师队伍的专业发展,提升了学校教育教学质量,推动了教育的高质量

（二）学校现代化治理章程

章程是法规的一种名称，是一个团体规定本组织内部事务的一种共同遵守的文件。内容一般包括本组织的性质、纲领、任务、组织原则和机构、成员的权利义务等。

学校章程，顾名思义，就是规定学校内部事务的一种共同遵守的文件。它是为保证学校教育教学活动正常运行，主要就办学宗旨、内部管理体制及财务活动等重大的、基本的问题做出全面规范而形成的自律性基本文件。也就是说，学校章程是学校基本的纲领性文件，是学校统领全局的文件。它是就学校重大的、基本的问题，如校长的权利和义务、学校主要机构的设置及其职能分工、学校重大事项的决策程序等做出规范。学校章程制定的目的就是保证学校工作的正常运行，抵御来自各方面的非法干预，避免学校自身工作的随意性，形成学校自主发展、自我约束的运行机制，从而提高学校的工作效率。学校章程是学校自主管理、自律及政府监督管理的基本依据。一般情况下，学校章程应包括学校名称，内部决策机构、执行机构、监督机构等学校内部管理体制，财务管理和人事管理制度，章程修改程序以及其他必要事项。

俗话说："没有规矩，不成方圆。"如果学校无章程可依，工作中就会出现较大的随意性，这极不利于学校的自主办学和自我发展。为此，学校应根据《中华人民共和国教育法》等法律法规的要求尽快制定或完善本校章程，真正按照章程规定的原则和规范自主进行内部管理。无论是从管理角度、改革角度，还是从教育角度、社会角度看，加强学校章程制定、建设，形成学校自主发展、自我约束的运行机制，对学校做好以育人为中心的各项管理都是一项十分重要的基础工作。

学校章程不仅是校长教育思想、工作作风、领导艺术的具体反映，也是衡量学校整体管理水平的重要标志，更是贯彻《中华人民共和国教育法》、更好地实现教育改革的强有力的保证。我们相信，只有依靠学校章程，才能把学校里的人、财、物、时空、信息等管理因素，根据各种教育教学活动的需要，实现最优组合，形成科学运行机制，发挥整体效益，从而提高学校工作效率。

（三）学校现代化治理制度

学校积极构建依法办学、自主管理、民主监督、社会参与的现代化学校制度，构建学校、社区、家庭之间的新型关系。我校搭建了分工明确、责任落实、权责统一的管理架构,初步建立一个全员参与、全覆盖的一岗三责的管理体系;建立了校务公开制度,增强学校管理透明度,提升师生信任感;实行校长办公会议、行政会议、教师大会等校务会议管理制度,强化集体领导,促进部门协调;建立健全教职工代表大会制度,逐步完善民主决策、民主管理、民主监督体系,增强了教职工参与学校管理的热情;建立健全家长委员会和家长义工管理制度,构建开放式学校,引导社区和有关专业人士参与学校管理和监督,同时积极推动学校走进社区、服务社区。

(四) 各职能部门管理制度

学校设有党政办公室、德育处、教学处、总务处、安全办、教师发展中心、智慧教育中心等7个部门和党群线的工会、妇委会、团支部、少先队。鉴于学校规模大、人数多、管理战线长等特点,学校采取了"整体规划,分线管理,分层落实,全员负责"的"整分结合"的扁平化管理模式,保障了学校的正常有序运行,见图6-4-1。

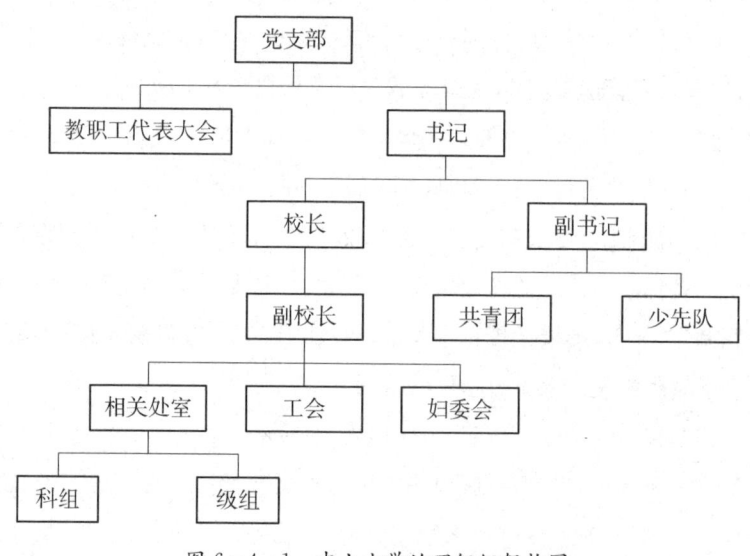

图6-4-1 中山小学治理组织架构图

1. 领导习性管理

学校本着求真务实的精神,坚持"公正合理、激发活力、积极稳妥、秉公办事"原则,实行量化考核制度,实事求是地按照考核细则进行考核。考核中,重视过程管理和制度落实,重视突出工作实绩,将教职工的德、能、勤、绩量化,根据考核结果进行奖惩。

2. 教师习性管理

实行级长职责制,强化习性常规管理。年级组长受校长委托,全面负责年级组的工作,是年级教学和班主任工作的组织者、指导者。与挂点领导定期召开年级领导小组会议,及时研究本年级的各项工作,落实学校各项决议。

实行科组长责任制,强化教学常规管理。科组长受校长委托,在教学处的领导下,全面负责教研组的工作。组织本组教师认真学习和执行新课标,妥善安排教学进度,切实完成每学期的教学任务,把好教学质量关。

实行导师团制度,强化教育科研管理。学校通过建设导师团,开展扎扎实实的研究、探讨、合作、互助活动,搭建一个平等、和谐、共同学习的教师专业成长平台,促进每一名教师的专业素养得到切实提高,建设一支教学能力精湛、教研水平一流的师资团队。

3. 学生习性管理

学校通过习性班队会课、班级习性公约、国旗下主题教育、"千里马班级"评比、"伯乐年级"评比、千里马广播站等举措,多管齐下,培养学生养成良好的习性。国旗下主题教育的组织形式,已经成为我校德育工作的一张名片——千里马鼓旗标兵队,整齐庄严的礼仪队,嘹亮的鼓号声,徐徐升起的国旗、校旗、卓越千里马班旗,慷慨激昂的国旗下讲话,卓越班级风采展示以及"千里马班级"的颁奖,每个环节都充满着正能量,成为习性教育的一个窗口。

学校细化习性常规管理。各班级根据学校的部署,以"全面兼顾、突出重点"为原则,一个月进行一个主题的习性教育。根据相关经验,通过反复抓、抓反复,持续进行某个方面的教育。例如全校持续进行了仪容仪表检查,早读读书和午写写字姿势检查,大课间早操常规教育,严抓队形队列、做操质量,改善了学生的精神面貌。

4. 家长习性管理

建立家长学校,健全家校共育制度,定时开展"百师访千家"活动。通过到访学生家庭面对面与家长交流,直接了解学生家庭情况、生活环境、个性特点和在家表现情况,详细了解家长的希望与诉求,听取家长的意见和建议,增进教师与学生、家长之间的情感交流,帮助家长树立正确的家校共育观念,培养良好的家长习性。

中山小学家长义工服务是家长习性管理工作的重要组成部分。学校经与家委会沟通,确定了家长全员参与义工服务的方式。家长义工出色的工作,为学校解决了不少难题,成为学校一道亮丽的风景,也体现了中山小学家长良好的习性。

5. 安全习性管理

重视依法治校。建立健全了依法治校工作领导小组和普法工作小组,聘请了法制副校长、法制辅导员和常年法律顾问。学校依据法律法规,制定了《中山小学教职工代表大会章程》《中山小学绩效工资制度实施方案》等,编纂了《中山小学常规工作制度汇编》。在实际工作中坚持"以人为本"的管理理念,将制度管理与人文管理相结合,同时在师生中广泛开展普法教育。

重视安全工作。设立了安全办,设置了专职安全主任,建立了校园安全防护队,坚持"德育为首,质量立校,安全第一"的学校管理原则,将安全工作视为学校的主要工作之一,大会讲,小会说,天天强调,周周安排,月月总结,使"教书育人,安全第一"的意识深入人心。

领导班子务实进取、勤政廉洁;教师为人师表,无不良行为和嗜好,无违反公民道德和职业道德规范现象;学生举止文明。师生员工维护安全稳定和法律的意识较强,没有发生违法犯罪行为。

建立健全安全制度,完善安全设施,营造了良好的校园秩序和优美的校园环境。校园安全稳定,没有发生重大刑事治安案件,没有发生群体性安全责任事故,无"黄、赌、毒"等社会丑恶现象,学生在校学习有安全感。学校师生员工对校园治安满意率达100%。校园内无违规、违法的娱乐场所、商业摊点,无违章建筑。

认真执行安全事故报告制度,对学校安全事故没有缓报、瞒报或不报的现象。可以说,我校已建立了全方位的安全工作网络,办学以来,学校从未发生一起较大或重大安全事故。主动与各职能部门协调配合,综合治理。学校师生、学生家长及社会各界对我校周边环境及治安状况表示满意。

将安全教育纳入学校习性课程体系,开发安全教材。每周进行安全教育,重视开展心理健康教育、防溺水教育、消防演习和避震演习。学校还针对每个班的位置特点绘制了学生安全疏散路线示意图,放在教室"班务管理栏"内的显眼处,并将逃生路线、放学排队路线、早操升旗路线三线合一,习性成自然,有助于提高紧急情况时逃生的速度。2019年4月,学校行政人员发现教学楼有轻微震感后,各级组、各教师、各学生反应及时,全体师生迅速有序地逃离了教学楼,抵达安全区。这些都有赖于学校平时的安全习性教育。

二 执行是第一生产力

执行力,就是学校管理的中层及教师团队采取一定的工作方式和技巧,把学校长期及短期的战略、政策、制度等转化为具体行动的能力。[①]

执行力直接影响学校战略的实施、学校制度的落实、教师团队的斗志及整体竞争力。我校办学理念和管理制度的高效推动和落实,其奥妙就在于整个教师团队高效且强劲的执行力。[②]

进化指的是不断进取、精益求精的精神。只有老师始终保持昂扬奋发的进取精神,学校的教育事业才能够生生不息,学生的生命成长才能够不断超越。因此,"进取"作为重要精神之一被写进了我校的校训。

(一) 学校领导一马当先

学校对行政班子成员提出"五个力"的要求,即制度是核心竞争力,执行是第一生产力,人才是发展推动力,活动是团队凝聚力,文化是精神领跑力。学校行政班子身先示范践行"五个力",积极开展专题讲座和示范课。曾宇宁校长每年给新生家长开习性教育讲座,陈剑芬副校长经常深入课堂为一线教师上习性示范课,刘奈主任开展的天地格写字教学和低学段语文绘本教学系列培训、黄海丰主任开展的多种形式的安全培训和演练、王丽聪主任开展的英语科组绘本教研活动等都深受教师们欢迎;行政班子带头深入家庭进行家访,与家长座谈,关注学生成长;面对需助生,领导班子积极牵头组织各处室、年级长、班主任和科任教师召开专门会议,集中讨论面向需助生的帮扶问题,为教育需助生提供可操作性强的帮扶措施,为年轻班主任排忧

---

① 逯长春.职业院校中层干部能力素养及其发展策略[J].职业教育研究,2013(02):65—66.
② 李晓贝.中小学中层干部执行力要素研究[D].河北师范大学,2014.

解难。

学校行政班子经常深入一线听课评课，通过听推门课、汇报课、示范课和随机巡课等多种形式了解课堂教学情况，引领教师专业成长；积极参与教研活动，参与科组的集体备课、科组会议、教学研讨等；完善教代会制度，坚持民主集中，定期开展校情民意调查，开展抓早抓小谈话活动，倾听每一个教职工的心声和需求，想方设法为一线教工排忧解难。

学校行政班子业务精通，均能独当一面开展工作，且长期立足教育教学教研一线，基本上都是超工作量运转。虽然日常工作繁杂，但他们仍不忘自己的教育理想与追求，积极主动到全国各地参加各类教学、管理培训，及时更新思想，用先进理念武装头脑，并善于将新理念积极运用到学校管理和教学改革中去，是一支优秀的学习型团队。如学校导师二团团长韩笑主任，积极响应国家提倡的学生综合实践教育，带领二团成员开展以 PBL 项目式学习为手段的学生综合性学习模式探究，并取得阶段性进展；吴洪明主任带领信息化小组，积极学习先进的信息化教育技术，并大胆运用到学校日常工作中，不断提升学校信息化水平。

近年来民意测评调查显示，老师对学校领导和中层干部满意率超过 98%。

（二）全校教师积极进取

在这种进取精神的激励之下，我校每一名老师都保持着永不满足、不断探索的心态，凡事精益求精，努力做到最好。无论是面对常规教学，还是参加各级各类比赛，每一名老师都是以一种"战备状态"认真对待：听课、评课、磨课、写教案、做课件……在 2018 年举办的习性教育全国研讨会展示课上，我校推荐了 11 节展示课，大部分执教老师都是教龄未满两年的新教师。他们为了向大家更好地呈现我校的习性课堂模式，在各科组内不断地听课、评课、磨课，在此期间，所有老师的教育教学能力得到了不同程度的提升。例如，2015 年中山小学建校的第一批教师陈灵灵，所在英语科组带着她磨课、评课，她作为新老师参加坪山区新锐杯比赛获得第三名。第二年学校专门邀请了英语学科专家团队常驻英语科组，对老师们进行全方位的指导，帮助教师更新教学方法，理解教育的意义。陈老师在这一年参加深圳市资源包比赛获得二等奖，第三年兼任学校的党务员、外事员、3 个班的英语教师、年级副级长、备课组长等多个职位，第四年代表学校参加教师技能大赛，在全科组的共同努力下，陈老师获得区一等奖，并代表坪山区参加深圳市比赛。这4次机会给予陈老师坚定的信念：教育是一生的事业，值得为之无怨无悔地进取和付出。

（三）信息运作执行高效

学校实行信息化运作，建立线上工作群，发布工作任务和工作反馈。行政领导通过工作群发布工作安排和要求，年级组长通过工作群反馈基层教师的困难和诉求。通过工作群这一平台，学校上情下情得以及时沟通。如学校在应对教师大量外出产生的代课需求时，会通过工作群发布代课需求，由留校教师在线上自行"认课"，短短30分钟内数十节课便被老师们认领完毕，使学校教学工作得以顺利开展。

三　人才是发展推动力

青年教师是学校的未来和希望，其成长和进步对学校的发展有着至关重要的影响，是学校实现可持续发展的关键所在。我校结合实际，扎实开展青年教师的培养工作，引导青年教师走专业化成长之路，力争在较短时间内建设一支师德高尚、业务精良、创新实干的青年教师队伍，提高办学水平，为此制定了《中山小学教师专业发展标准》《中山小学青年教师专业发展三年行动计划》等。具体做法如下：

（一）实施"名师工程"

争做"四有"好老师，秉承"坚持习性教育理念、促进教师专业发展"的宗旨，围绕"培养名师，打造骨干，表彰优秀"的目标，我校实施"名师工程"。

经过教师自主申报与学校评审，我校建立"名师工作室""名班主任工作室"，开展名师梯队培养，更好地发挥名师的"传帮带"作用。由6名具有先进理念和鲜明特色的专家型教师担任名师导师，直接培养并引领名师（名班主任）的成长；名师（名班主任）成立工作室，引领学校年轻教师（班主任）的成长。教师专业发展评价，以名师工作室工作职责与内容为指标，有效地将教师评价与教师专业发展紧密结合起来，见图6-4-2。

（二）开展"师徒结对"活动

学校通过老教师"传帮带"，促进青年教师迅速成长。"传"即传授教学经验和方

```
        中山小学
        "名师工程"
         架构图

  名师工作室         名班主任
    导师           工作室导师

  名师工作室         名班主任
    主持人         工作室主持人

   工作室            工作室
    成员             成员
```

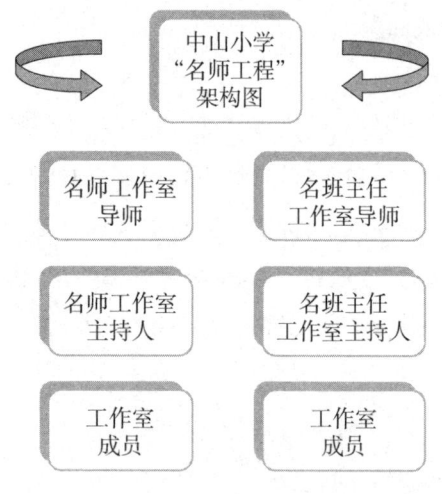

图6-4-2 中山小学"名师工程"架构图

法;"帮"即帮助熟悉教材、课程标准,熟悉习性课堂模式,掌握教学基本功;"带"即带出好的教学作风和思想作风。活动要求指导教师教案公开、课堂公开,以便于青年教师及时听课学习;青年教师要写详案,分课时备课,教案要征求指导教师的意见。被指导的青年教师每两周至少听1节指导教师的课,指导教师听被指导教师的课不少于每学期9节,切实做好备课、听课、说课、评课4个环节。青年教师的教学成绩与指导教师的考评挂钩,以激发指导教师的责任感。学期末学校根据实际情况填写师徒结对评价表,对师徒结对工作情况进行考核。

(三)"五个一"基本功大操练

为使新入职教师尽快熟悉学校工作以及各项教学常规,要求其在入职一个月内完成"五个一"提升任务。"五个一"具体内容为:一口流利普通话、一手漂亮粉笔字、一篇教学设计、一篇学习笔记、一节微课。新老师每天把已完成的学习任务打包上交,由专人进行检查指导,并根据完成情况,利用学校新教师"五个一"业务提升评价表进行总结评价、反馈。

(四)建立教师专业成长档案

建立"中山小学教师成长档案电子数据库",要求每名老师及时上传、分类存放个人专业成长资料，包括教师个人专业发展规划、公开课教案及反思、论文、个人获奖情况、指导学生获奖情况、教学质量报告、课题研究、校本教材、培训资料等，科研处定期检查与反馈，并根据达标情况折算成分值，计入教学考核绩效奖。

（五）实行"1+x"培训模式

有组织、有规划的校本培训能有效解决老师在教学实践中存在的问题，提高教师教育教学和教育科研能力。我校对青年教师采取"1+x"培训模式，即每月开展1次专题培训和 x 次校本研修活动。专题培训从课程实施、课堂构建、教学组织、教学策略、学情研究、资源整合等方面进行，让新老师全方位学习相关教学知识与方法。同时结合校本研修，理论指导实践，快速提升新教师课堂的组织能力、驾驭能力，提高课堂效率。

（六）完善教师评价机制

学校制定并实施《坪山区中山小学绩效工资制度实施方案》《坪山区中山小学班级学科教学质量动态监控方案》《坪山区中山小学职称评聘方案》《坪山区中山小学导师团建设方案》等相关制度，完善年度考核与评优评先制度，不断健全教师激励机制。在教师个人成长档案、坪山区中山小学教师工作量化考核表中引入自评、科组评、学校评等多层次评价机制，不断健全发展评价机制。以上各项考核办法、评价制度的制定、修改均经过了充分酝酿、集体讨论、广泛征询意见、教代会表决等民主决策程序，在实施过程中注重自评与他评的有机结合，引入互动式评价，有效提高了全体教师对各项考核、评价、评先办法与过程的认可度与支持率，有力地保证了各项考核、评价工作的公平、公正。

以"名师工程"评价为例，通过分层分类制定切实有效的教师评价标准，促进全体教师在德、勤、能、绩等各个方面勤奋进取，全面创优。

"名师工程"评价内容分必达项与加分项。必达项包括每学期集中会议、公开课、听课、开展讲座、撰写论文、课题研究及教学质量等方面的考核；加分项包括论文发表、校本课程开发、教学质量获奖、获得区级以上荣誉、区以上"名师工程"申报、指导年轻教师或学生在比赛中获奖等方面的提升，见表6-4-1。

表 6-4-1　中山小学"名师工程"评价表

项目	主要标准	考评
1. 集中会议	准时参加学校各级会议,包括全体教职工大会、级部会议、科组会议。	1人/次,加1分
2. 公开课	每学期至少承担1节公开课,效果良好,具有示范作用。	1人/次,加1分
3. 听课	每学期听课不少于25节,认真学习,有所反思。	1人/次,加1分
4. 开展讲座	每学期至少开展1次讲座,效果良好,具有示范作用。	1人/次,加1分
5. 撰写论文	每学期至少撰写1篇论文。	1人/篇,加1分
6. 课题研究	每年至少主持或参与1项课题研究,提升科研能力。	1人/次,加1分
7. 教学质量	所教班级质量优良,教学效果良好。	多个班级的,取平均分值
8. 论文发表	撰写论文质量优良,发表于各级各类刊物	校级发表1人/次,加1分 区级及市级发表1人/次,加3分 省级及核心期刊发表1人/次,加5分
9. 校本课程开发	积极参与校本课程开发,效果良好。	1门课程,加5分
10. 教学质量获奖	所教班级质量优良,获得教学质量奖项。	正级差1人/次,加3分
11. 获得区级以上荣誉	教育教学能力强,获得区级以上荣誉。	区级1人/次,加1分 市级1人/次,加3分 省级以上1人/次,加5分
12. 区以上"名师工程"申报	申报区级以上"名师工程",获得"名师"称号。	
13. 指导年轻教师或学生	指导年轻教师或学生在比赛中获奖。	

考核形式分为过程抽查、学年量化和总结表彰。在过程抽查中,每周有针对性地重点跟踪、落实,每月抽查两个工作室,了解工作室活动开展情况,每期末做一次资料搜集与整理;及时跟进,注重反馈,表彰优秀。在学年量化中,每学年一次量化评价,以

工作室为单位,填写年度教师专业发展评价表,进行学年量化评定;学年末根据过程性抽查情况与学年量化评价表,综合评定每一个工作室团队、每一个教师个体,表彰优秀工作室、优秀导师、优秀学员,在职称评审、评优评先等各项评聘方面予以优先考虑。

四 活动是团队凝聚力

活动凝聚力量。学校关心教师诉求,注重人际关系的协调,坚持通过形式多样的活动,丰富文体生活,营造和谐的群体环境,让老师们既能脚踏实地又能仰望星空,促进教师的教学热情和专业水平的提升。

(一)工会活动,沟通感情

为了让老师们在工作之余能得到身心的放松与锻炼,学校会定期举行美食节、教师节、三八活动、青年教师座谈会、"教师大本营"趣味运动会、学校合唱团、羽毛球赛、篮球赛、读书知识竞赛等多项工会活动,并组建网球、羽毛球、街舞、吉他、瑜伽、油画等教职工社团,让老师们在活动中沟通感情、凝聚力量、放松心情,提升幸福感。

(二)科组活动,夯实素养

每学期,各科组都组织了有意义、接地气的活动:语文科组举行常规培训活动、青年教师课文朗诵比赛、师生吟诵活动、学生现场作文比赛、学生规范汉字比赛等等,数学科组举行校级说课比赛、命题比赛、学生数学计算比赛、一年级数学画比赛,英语科组举行学生书写比赛,体育科组举办体育节,综合科组举办艺术节,各课题组举行研讨活动,等等。老师们通过各项常规的教学活动提升教育教学能力,提升综合素养。

(三)培训活动,提升技能

由于我校年轻教师比较多,为了让大家更好地提升专业技能,学校大力鼓励老师们参加外出培训活动。每学期,我校一方面派各级、各科老师外出培训、学习,另一方面邀请专家莅临我校面对面指导。老师们将学习内容充分运用于实践教学中,大大提高了专业技能水平。

五 文化是精神领跑力

文化建设锻造卓越团队。一个人走得快,一群人才走得远。我们一直注重团队力量,并通过团队文化促进教师的专业成长。

（一）党建文化

中山小学党支部认真履行党建职责,把学校党建工作作为一项基础性、根本性、全局性和经常性的工作。第一,抓理论学习,提高思想认识,增强时代使命感。第二,抓主题实践,丰富党建活动,强化队伍凝聚力。以"深圳先锋"小程序为依托,积极投身于学校和住所所在社区的志愿服务活动中。他们进行文明引导、助学帮教、秩序维持、安全劝导、交通引导等,真正做到了"革命同志是块砖,哪里需要哪里搬"。坚持谈心谈话制度,支部书记与支部班子成员之间、支部班子成员之间、支部班子成员和党员之间、支部班子和非党员教师之间,经常开展谈心谈话,主动听取党员干部群众意见建议。充分了解谈心谈话对象的思想、工作、生活等方面的情况,指出谈心谈话对象存在的不足和问题,坦诚地提出意见建议,帮助其改进提高。坚持活动引领,开展了迎"七一"主题党日系列活动,如在书记讲党课——"学用新思想,建功新时代"主题党日活动中,党支部带领团支部参观深圳沙鱼涌·东江纵队北撤纪念公园、红色记忆陈列馆红色基地等。第三,抓中心工作,依托习性品牌,推动教育高质量发展。党员教师以及科研团队紧紧围绕培养什么样的习性以及如何培养两个关键问题进行探索,构建全方位习性培养指标体系、课程体系、教育教学策略及评价体系,形成"环境创设·具身学习·习与性成"的习性教育新方案,取得了显著的办学成绩。

（二）团建文化

中山小学团支部在上级团委和学校党支部的领导下,牢牢把握当代青年特点和青年工作规律,以培养习性良好、知行合一的新时代中国青年和能担当民族复兴大任的时代新人为根本任务,做好团建、做优队建。

深化专题学习,增强时代使命感。学校团支部以团员大会、支委会、专题理论学习会、团小组会等常态化会议及其他会议的形式进行"思想旗帜""坚强核心""强国复兴""挺膺担当"4次专题学习,提高青年团员教师的思想认识,保持"务实"的态度,做好教育事业。

参观红色基地，凝聚向上精神力量。为加强基层团组织建设、激发团支部生机活力，在学校党支部的带领下，我校团支部参观深圳沙鱼涌·东江纵队北撤纪念公园、红色记忆陈列馆红色基地，追寻红色足迹，回顾红色历史，凝聚奋发向上的精神力量。

履职尽责，弘扬奉献精神。2023—2024学年，支部团员充分发挥先锋模范作用，全部成为注册志愿者，在教育教学工作之余，积极投身于学校和住处所在社区的志愿服务活动，如校园值日、文明引导、助学帮教、交通引导等。其中团员白煜老师为本班患病学生组织募捐活动，在学校为学生筹得20多万元善款。

(三) 队建文化

我校少先队工作高举队旗跟党走，在学校各级领导的关怀指导下，围绕立德树人根本任务，以培养习性良好、知行合一的能担当民族复兴大任的时代新人为己任，开展各项特色鲜明的活动，丰富全体队员的校园生活，不断加强少先队组织建设，让中山"小骐骥"在星星火炬指引下，健康成长、全面发展。

规范少先队主题教育，加强思想动态监测。落实意识形态工作责任制，加强对学生思想动态的常态化监测，强化少先队阵地管理。学校少先队根据区少工委和学校工作活动重点，在学期初制定德育行事历，明确中队辅导员职责，统筹安排好各项日常规范工作，如每周一举行升旗仪式、国旗下讲话等，进行爱国主义专题教育，设置每周习性教育课主题，等等。

依托习性品牌，培养学生综合素养。依托学校"环境创设·具身学习·习与性成"习性教育新方案，培养学生综合素养，发挥活动育人功能，少先队开展各项特色鲜明的活动，如新生入学礼、读书节、科技节、六一儿童节、习性整理节、体育节、艺术节、爱国主义专题教育系列活动等，丰富全体队员的校园生活。

立足岗位，师生协作促发展。学校少先队坚持"千里马先锋岗"校级检查制度、"伯乐年级"评比制度。学校"千里马先锋岗"队员们协助值日老师每天按时到岗检查，督促学生课间文明行动，检查校园卫生，使校园文明之花常开。

(四) 习性文化

以习性教育实践与探索为核心的习性文化是学校的灵魂，也是引领教师持续发展的行动指南。它代表着学校的价值观和办学方向。这种文化氛围可以激发教师的使命感、归属感和自豪感，从而形成共同的价值观念和行为准则。具体包括：

办学理念：中山小学长期推行习性教育，既有文化底蕴，又具教育视野。学校以"习惯引领发展，性格影响未来"为办学理念，高质量发展，高内涵生长。以办学理念为引领，坚持习性教育与强化队伍建设相结合，立足常规，优化常态，将办学理念转化为教育行为，优化育人方式，坚守育人本质。

校风建设：基于办学理念，构建团结、细致、务实、进取的校风体系，让教师在这样的氛围中感受到学校的关怀和支持。在校风建设体系中，管风对教风、学风发挥强大的导向、同化、激励、约束作用，管风建设促进教风与学风建设。学校以管风建设为关键，以教风建设为核心，以学风建设为基础。

榜样引领：定期组织优秀教师分享会，让优秀的教师分享他们的教学经验和教育理念，以激发其他教师的专业发展动力。

（深圳市坪山区中山小学　李　幸）

后 记

2024年春，此刻思虑万千，内心感慨。

《可感的学习经历：习性教育课程体系探索》一书经过精心策划与组织，终于和大家见面了！

这些年，我校在习性教育的引领下，思考"习性"的概念，以立德树人为目标，以"六习"课程为内容，以"六感"策略为抓手，以"六维三层"为评价，形成了可以复制推广的"环境创设·具身学习·习与性成"习性教育新方案，并在实践中探索出学校治理现代化基本路径，解决习性养成难的问题。

全书是在曾宇宁校长的领导和督促之下完成的。本书凝聚着编委的心血，更要感谢全体中山小学教师。全校教师积极参与，共同开发了红色基地研学、天地格写字、口琴、知行天下等38门拓展课程和赤子之心、兰馨吟诵、梨园春苗、创客联盟等68门个性课程。本书收录了我校大部分课程，每门课程都经历了实践和研讨的验证过程。在研讨本书如何撰写之初，大家都觉得难度较大，摸不着头脑，认为这是一项较难完成的任务。但是，通过专家和校领导们的引领和指导，我们对学校办学理念和"六习"课程进行全方位、多角度的梳理，阐述了习性教育中的教育哲学、办学理念、课程理念、育人目标、总体目标、课程目标、课程结构、课程设置、课程实施的多种途径、评价目标、评价指标、评价方式，并介绍了我校家校共育和团队建设的措施与活动。最终，经过多次组稿、修改，我们完成了本书的撰写工作。在这个过程中，教师既是教学的实践者，又是课程的开发者和研究者，因而大大增强了行动研究的意识和能力。教师参与课程开发，不仅仅是编制出一系列的课程文本，更重要的是参与课程开发过程本身。

我们衷心希望，在精彩纷呈的课程中，孩子们能够懂得知行合一，做一个"健康、文明、智慧、高雅"的人。而我们将与孩子们在课程中共同成长。同时，真诚希望本书能够为基础教育学校学习和践行习性教育提供知行的路径，为各地学校推进课程变革提供借鉴。

在本书的撰写过程中，我们得到了深圳市坪山区教育科学研究院教师发展中心王琦部长的悉心指导。王部长倾心于坪山区品质课程的建设，从2015年开始引领全区各校课程开发，到2019年提出坪山区品质课程实施方案，直至2024年品质课程物化成果呈现，10年时间，坪山区课程建设取得了卓越成效。

本书的出版，要感谢上海市教育科学研究院杨四耕教授的大力支持。杨教授不辞辛劳，多次奔波于深圳和上海之间，专业引领、耐心指导。他始终关注学校课程建设和实施，不遗余力地支持课程改革。他指出，课程建设需要聚焦并影响学生终身发展，需要克服碎片化、拼盘化、大杂烩的弊端，更需要教师有自己的教育哲学和教学主张来引领课程改革。

还要感谢华东师范大学出版社的精心策划与编辑，感谢责任编辑老师的全情付出与专业，是他们让我们的教学实践能够以成书的形式呈现在读者面前！

课程体系已构建完成，但实践永远在路上。深圳市坪山区中山小学的全体教师们将继续深耕习性教育，为了学生，为了教师，为了学校，在教育实践中砥砺前行，不断摸索，扎实研究。

2024年5月

"品质课程"阅读书目

学校整体课程规划18问
学校整体课程规划的七个关键
学校整体课程规划

课程治理现代化丛书

阳光阅读的校本设计与特色创建
CIM课程：创客教育的要素设计与实践探索
高品质学校课程体系
个性化学校课程体系
家校共育的20个实践模式
进阶式生涯教育
跨学科学习创意设计
美术特色课程设计与实施
体育，让儿童嗨起来：悦动体育课程的设计与实施
小剧场学校：激活戏剧课程的育人价值
小课题探究：激活学习方式
小切口课程设计：劳动教育的创意实施

新质课程文化丛书

实践性学习的七重逻辑
面向每一个生命的课程
多模态学科实践
大规模因材施教的课程模式
为未来而学：未来课程的校本建构与深度实施
面向每一个学习者的课程设计
可感的学习经历：习性教育课程体系探索
单元课程要素统整与深度实施
具身学习与课程育人
把学生放在心上：学校课程变革之道

课程治理新范式丛书

以学生为中心的教育治理
实践型学科课程设计与实施
共享式课程治理：集团化办学的课程治理方略
高具身性课程实施：路径、策略与方法

特色学校聚焦丛书

让个性自然发荣滋长："引发教育"的理论寻源与实践探索

面向每一个生命的教育
让每一个生命澄澈明亮:"小水滴"课程的旨趣与创意
新劳动教育:时代意蕴与实践创新
自信教育与个性生长
好学校的精神特质
教育,让个性舒展:"有氧教育"的模样与姿态
唤醒教育:触发生命的感动
生命的颜色与教育的意蕴
人格教育的四个关键点
做精神澄澈的教师

特色课程建设丛书

幼儿园特色课程的框架与实施
课程是鲜活的:"大视野课程"的旨趣与活性
指向核心素养培育的学校课程图谱
让儿童生活在美的世界里:幼儿园全景美育的课程探索
核心素养与学习需求:学校课程建设导引
儿童自然探索课程
幼儿园视觉艺术创意活动设计与实施
连续性课程:特色课程发展的实践探索

课堂教学新样态丛书

课堂,与美最近的距离:基于学科核心素养的课堂教学变革
协同教学:意蕴与智慧
决胜课堂28招
一百个孩子,一百个世界:基于差异的教学变革
课堂如诗:"雅美课堂"的姿态
在教室里眺望世界:基于BYOD的教学方式变革
课堂教学的资源设计与方式变革
境脉教学的实践范式与创意设计
任务驱动与学科实践
课堂教学的智慧属性与意义增值:"灵动课堂"的六个关键词
如溪语文:诗意流淌的语文教育

"一校一策"课程体系建设丛书

课程坐标及其应用:教师专业视角
"一校一策"课程规划
"一校一策"课程实施